Vom Exposé zum Bucherfolg

Gabriele Borgmann

Vom Exposé zum Bucherfolg

Schreib- und PR-Leitfaden für
engagierte Autor*innen

2., aktualisierte Auflage

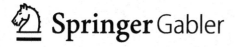 Springer Gabler

Gabriele Borgmann
Berlin, Deutschland

ISBN 978-3-658-35048-2   ISBN 978-3-658-35049-9   (eBook)
https://doi.org/10.1007/978-3-658-35049-9

Die Deutsche Nationalbibliothek verzeichnet diese Publikation in der Deutschen Nationalbiblio-
grafie; detaillierte bibliografische Daten sind im Internet über http://dnb.d-nb.de abrufbar.

Titelbild: © nikolarakic – Fotolia.com

Planung/Lektorat: Irene Buttkus
Springer Gabler ist ein Imprint der eingetragenen Gesellschaft Springer Fachmedien Wiesbaden
GmbH und ist ein Teil von Springer Nature.
Die Anschrift der Gesellschaft ist: Abraham-Lincoln-Str. 46, 65189 Wiesbaden, Germany

*Viele Worte sind lange zu Fuß gegangen,
ehe sie geflügelte Worte wurden.*

Marie von Ebner-Eschenbach

Vorwort – mit der Bitte, es als zukünftiger Autor[1] tatsächlich zu lesen

Warum trägt sich jemand mit der Idee, ein Buch zu schreiben? Gründe gibt es viele. Und – glauben Sie mir als Autorin – die wenigsten Schreibenden sehen voraus, welchem Stress sie sich unterziehen. Dabei beginnt der Prozess meist mit einer Euphorie, denn ein Autor will für sein Fachgebiet Verständnis und Begeisterung wecken, ja vielleicht sogar Liebe erzeugen. Er will seine Leser überzeugen.

Ein Autor muss schreiben, weil es zu seinem Beruf gehört und für seine Karriere unabdingbar ist, sein Wissen in dokumentierter Weise zu verbreiten. Er muss in anerkannten Medien veröffentlichen. Je mehr, desto besser.

Ein Autor will der Welt vieles mitteilen: Botschaft, Fachwissen, Erkenntnisse, Erlebnisse und Erfahrungen. Und dennoch: Plötzlich schleichen sich (Selbst-) Zweifel, Verzweiflung ein. Der Text ist zu lang oder zu kurz. Nichts ist mehr klar, vieles klingt banal. Weg damit! Die Segnungen der Technik bewahren zwischenzeitlich allzu selbstkritische Geister unter den Autoren vor dem völligen Nichts. Früher war das anders …

Mit Druck – meist ist es Termindruck – wird das Manuskript dann doch endlich fertig. Man liefert es dem Verlag, so man einen hat, mit dem Schwur „Nie wieder!" auf den Lippen. Bis, ja bis man die Druckfahnen in Händen hält und der eigene Text gesetzt und gelayoutet doch so ganz anders daherkommt als im Manuskript. Man findet das Geschriebene eigentlich sehr gut oder doch zumindest gut. Damit kein Missverständnis aufkommt: Das ist kein Eigenlob, sondern der völlig berechtigte Stolz eines Autors auf sein Werk.

---

[1]Die männliche Form soll auch für alle Frauen gelten. Doppelungen sind mir lediglich zu lästig und zu hässlich. Aus einem Autor/einer Autorin angeblich geschlechtsneutrale „Schreibende" zu machen, verbietet mir der Respekt vor der deutschen Sprache, denn auch Autoren/Autorinnen schreiben nicht dauernd. Glücklicherweise! Hier bin ich – übrigens nicht abgestimmt, und deshalb umso erfreulicher – einer Meinung mit der Autorin Gabriele Borgmann.

Zurück zur Frage, weshalb sich jemand freiwillig dieser Achterbahn der Gefühle aussetzt.

Ein Grund: Wer schreibt, der bleibt. Ein Buch vermittelt ein haptisches Erlebnis. Nicht nur dem Autor, auch dem Leser. Es ist gewichtig – häufig im wahrsten Wortsinn. Man kann Widmungen hineinschreiben und es seinen Freunden – und durchaus auch mit einer gewissen Genugtuung seinen Feinden – überreichen. Ein Buch ist da! E-Books – man möge mir verzeihen – sind zwar überall auf der Welt verfügbar und ohne Ballast im Gepäck verstaubar, aber sie vermögen dieses sexy Gefühl des Anfassens nicht derart zu vermitteln wie ein gedrucktes Buch. Das übrigens muss weder einen Leder- oder Leineneinband noch einen Goldschnitt haben, obwohl das alles die Wertigkeit des Buchs – und damit auch die eigene – deutlich steigert. Ich finde, auch Paperback kommt als richtiges Buch daher, denn es kann ins Regal gestellt werden.

Wie aber kommen Sie als Autor zu Ihrem Buch? Genau hier kommt Gabriele Borgmann ins Spiel. Sie setzt mit ihrem Praxisbuch für engagierte Autoren dankenswerterweise genau an dem Punkt an, an dem auch der willigste und motivierteste Autor nur selten alleine weiterkommt: Welche Überlegungen muss ich vor und beim Schreiben anstellen? Wie suche und finde ich den Verlag, der zu mir passt? Kann mir ein Literaturagent helfen? Wie mache ich zusammen mit dem Lektor einen realistischen Zeitplan? Kann Marketing und Öffentlichkeitsarbeit mein Buch unterstützen? Wenn ja, wie? Helfen Blogs? Wie funktionieren Social Media? Können sie für mich und mein Buch nützlich sein?

Gabriele Borgmann suchte und fand aufgrund ihrer vielfältigen Erfahrungen als Autorin, als Ghostwriterin, aber auch zusammen mit ihren Kunden in den Seminaren passende und praxisgerechte Antworten auf die weitaus meisten Fragen, die sich von der Publikationsidee bis zur Buch-PR auftun.

Es ist ein Buch, bei dem man sich fragt, warum es nicht schon viel früher erschienen ist. Denn die Idee zum Buch ist bestechend einfach, und genau darum richtig gut. Freuen wir uns also, dass es jetzt erschienen ist.

Ihringen   Prof. Dr. Claudia Ossola-Haring
Calw

Danksagung

Es hat lange gedauert, bis ich den Schreibimpuls zu diesem Buch spürte. Notizen, Gespräche, Artikel, Empfehlungen, alles habe ich gesammelt, geordnet und mit meinen Kommentaren versehen. Nach einem Jahr wies der Ordner einen beträchtlichen Umfang auf und ich dachte: ‚Dieser Stoff reicht aus für mein Buch.' Also sorgte ich eines Abends für Stille im Raum, malte ein Clustering, versuchte meine Gedanken mit einem Themenschreiben in Schwung zu bringen. Aber irgendetwas hemmte diesen Schreibstart. Ich hörte auf die innere Stimme, ließ die Idee zum Buch noch ruhen. Es sollte ein weiteres Jahr dauern, bis ich mich diesem Projekt erneut näherte. Heute weiß ich, es fehlte noch eine Facette im Ganzen. Es war die Klarheit, dass für mich ein Publizieren im Verlag im Mittelpunkt steht.

So ist mein erster Dank naheliegend. Er gebührt den Autoren, die ich als Ghostwriterin begleiten durfte. Sie haben ihr Wissen auf einem Silbertablett serviert. Ich durfte es kosten und formen, es entwickeln zu einem Buch. Während der Zusammenarbeit wächst ein Verständnis füreinander und am Ende steht Respekt. Jedes einzelne Projekt bescherte wunderbare Erfahrungen. Danke.

Ich bedanke mich bei den Experten, die dieses Buch mit ihren Zeilen bereichern. Als ich sie interviewte und um Statements bat, spürte ich Sympathie für und Neugierde auf das Thema. Ganz besonders freut mich, dass Prof. Dr. Claudia Ossola-Haring spontan zusagte, im Vorwort ihre Gedanken zu formulieren. Sie blätterte zudem durch die Seiten mit ihrem Blick als Wissenschaftlerin und Autorin. Felix Beilharz, ein ausgewiesener Kenner des Online-Marketings, ließ ein Feuerwerk an Empfehlungen aufsteigen. Er zeigt: Auch mit kleinem Budget kann PR-Arbeit gelingen. Dr. Harry Olechnowitz gibt Einblicke in die Arbeit einer Literaturagentur und ermuntert Autoren, über diesen Weg einen Verlag zu finden. Danke.

Ebenso danke ich Vivien Manazon. Als Trainerin und Rednerin ist sie gefragt und gebucht. Sie nahm sich dennoch Zeit für mein Buch, war die erste Leserin, die in den Text eintauchte und am Ende den Daumen hob. Dr. Gregor Ohlerich prüfte die Fakten, schätzte die Geschichten und war als ausgewiesener Experte für literarische und wissenschaftliche Texte ein inspirierender Gesprächspartner. Danke.

Von Herzen bedanke ich mich bei meiner Lektorin Irene Buttkus. Ich war zu jeder Zeit beeindruckt von ihrer Professionalität, von ihrer Geduld, von ihrer ehrlichen und wertschätzenden Art zu kommunizieren. Sie war meine Begleiterin von der Idee bis zum Buch. Sie hat die Zeitverzögerung verstanden und ermöglicht. Danke.

In meiner Skriptphase habe ich oft die Tür zum Arbeitsraum geschlossen. Bitte nicht stören. Mit einem liebevollen Lächeln blicke ich zu meiner zehnjährigen Tochter Emily. Ich habe noch ihre Worte im Ohr, wenn sich mein Gewissen regte und ich sie fragte, was wir Schönes unternehmen könnten? Dann antwortete sie: „Mama, ab an den Schreibtisch!" Danke.

Vorbemerkungen

Ich weiß, wie erfolgreich Autorinnen schreiben und publizieren. Dennoch verzichte ich auf Doppelkonstruktionen. Sie würden die Textmelodie unterbrechen.

Alle Angaben in diesem Werk erfolgen trotz sorgfältiger Bearbeitung ohne Gewähr. Jegliche Haftung der Autoren oder des Verlages ist ausgeschlossen.

Disclaimer: Links, Websites oder Quellen
In diesem Buch werden Links, Websites und Quellen genannt. Alle Verlinkungen wurden bei Redaktionsschluss (1. Juli 2021) sorgfältig überprüft und waren zu diesem Zeitpunkt aktuell und valide. Für Veränderungen, die die Betreiber der angesteuerten Webseiten nach dem 1. Juli 2021 an ihren Inhalten vornehmen oder für mögliche Entfernungen solcher Inhalte übernehmen der Verlag und die Autorin keinerlei Gewähr.

Zudem haben der Verlag und die Autorin auf die Gestaltung und die Inhalte der externen gelinkten Seiten und Angebote keinerlei Einfluss genommen und machen sich deren Inhalte nicht zu eigen.

Inhaltsverzeichnis

Über die Autorin

 **Gabriele Borgmann** In ihren Büchern blättert Gabriele Borgmann als Ghostwriterin und Autorin ein Spektrum an Themen auf: Markenbildung, Unternehmenskultur und Kommunikation, Zeitgeist, Kunst, Motivation und Chancen im Leben. In ihrem Workshop *Von der Publikationsidee bis zur Buchveröffentlichung* erarbeitet sie das Konzept zum Buch sowie die Positionierung und Schreibstimme des Autors. Sie bietet Arbeitsmethoden für Rohtext und Feinschliff an und entwickelt eine passgenaue PR-Strategie.

Als Schreibberaterin begleitet sie Unternehmen, um sich mit Sprache und Storytelling unverwechselbar zu präsentieren. Darauf richtet sie den Fokus in ihrem Handbuch für die Unternehmenskommunikation *Business-Texte von der E-Mail bis zum Geschäftsbericht.*

Gabriele Borgmann studierte Kunstgeschichte in Bonn, sammelte Erfahrung in Zeitungsverlagen und war 16 Jahre in einer politischen Institution im Bereich Presse- und Öffentlichkeitsarbeit sowie Internationale Beziehungen tätig. Sie engagierte sich für die Verwirklichung der Menschenrechte in Südasien und setzte sich für die kulturelle Autonomie der Tibeter ein. Mehr zu ihrer Philosophie und Arbeitsweise unter www.gabrieleborgmann.com.

Einführung: Vom Wert eines Buches 1

Aus einer Idee kann etwas Großartiges entstehen – im besten Falle ein Buch. Dann verwurzelt sie sich, wächst, reift und will aus dem Kopf heraus in diese Welt. Das nennt man Schreibimpuls. Mit ihm erhält die Idee des Autors ein Aussehen und einen Charakter. Damit beginnt das schöpferische Werk. Aber nicht immer verläuft dieser Start wie im Bilderbuch.

Es kann passieren, dass sich die Idee zunächst gut anfühlt, jedoch bald schon eigene kritische Einwände das Reifen verhindern. Dann wird sie sich nicht mit dem Wissen und den Erlebnissen des Autors verbinden und nach Sichtbarkeit drängen, sondern sich verkapseln und irgendwann in die Tiefen des Unterbewussten kullern. Sie landet auf dem Boden der nicht gelebten Chancen. Und mit der Zeit verblasst der ehemals kraftvolle Impuls zu einem Konjunktiv, zu den traurigen Worten, die da heißen: ‚Ach hätte ich doch … mein Buch geschrieben.‘

Die Gründe für diese Verkapselung sind mannigfaltig, aber bei näherer Betrachtung führen sie immer zu einem Gefühl von Angst. Ich glaube, dass manche Bücher nie geschrieben werden, weil der Projektstart zu lange verzögert wird, weil Autoren sich vor der Öffentlichkeit, der Kritik, der Belastung fürchten, weil sie einen kaum erfüllbaren Wunsch auf Vollständigkeit hegen. Perfektionismus kann hinderlich sein. Deshalb: Erkennen Sie die Begeisterung für Ihr Buch. Packen Sie diesen Moment mit beiden Händen.

Ich bin immer wieder fasziniert, wenn Autoren mir im Workshop von Ihrer Publikationsidee erzählen, wenn sich augenblicklich die gesamte Ausstrahlung ändert. Dann spüre, dann sehe ich diesen erhofften Schreibimpuls: Die Augen glänzen, der Rücken streckt sich, die Stimme klingt eine Nuance höher, sogar der Hautwiderstand scheint weicher zu werden. Kosten Sie diesen ersten Kuss der Muse aus. Setzen Sie dem Gefühl nicht sofort ein Ende, indem Sie fragen: ‚Wo verbergen sich die Geheimnisse zum Bucherfolg?‘ Denn mit dieser Sicht auf den Start killen Sie jegliche Romantik, weil die Antwort nur ernüchternd lauten kann:

© Springer Fachmedien Wiesbaden GmbH, ein Teil von Springer Nature 2021
G. Borgmann, *Vom Exposé zum Bucherfolg*,
https://doi.org/10.1007/978-3-658-35049-9_1

‚Es gibt keinen Königsweg zum Bestseller.' Anderes zu behaupten, wäre gelogen. Deshalb drossele ich das Tempo mit der Bitte: Lassen Sie uns über eine wirksame und angemessene Strategie später reden. Sehen wir erst einmal auf einen anderen, in diesem Stadium überaus wichtigen Aspekt, auf Ihre Zuversicht.

Alles andere nähme dem Kuss die Intensität und dem Schreibimpuls die Energie. Alles andere würde den Raum für Zweifel viel zu früh öffnen. Denn eines ist klar: Der größte Feind eines Autors ist und bleibt der Zweifel an den eigenen Fähigkeiten. Selbst erfolgreiche Autoren sind davor nicht gefeit, denn am Ende schreiben auch sie allein, fühlen auch sie sich einsam in ihrer Gedankenwelt. Selten steht ihnen ein Team zur Seite, um zu diskutieren, zu reflektieren, zu analysieren. Diese Lücke will ich füllen. Deshalb schreibe ich mein Buch.

Ich sehe mich als Schreibbegleiterin, die Ihnen einen Leitfaden von der Publikationsidee bis zur Buch-PR bietet, wohlwissend, dass er nicht perfekt, nicht vollständig, aber sehr gut auf Wirksamkeit getestet ist. Ich will Sie ermutigen, an sich zu glauben. Meine Instrumente sind eingestimmt auf Fachbücher, auf Ratgeber und Arbeitsbücher, auf Autorenbeiträge für Herausgeberwerke. Den Schwerpunkt setze ich auf Sachbücher, denn diese zu konzipieren und zu schreiben, ist mein Metier. Da ich glaube, dass das Logo eines etablierten Verlages den Autoren in diesem Genre ein Qualitätssiegel aufdrückt, lege ich meine Achtsamkeit auf das Publizieren im Verlag.

Als ich dieses Buch strukturierte, dachte ich besonders an Erstautoren, weil das erste Werk ungemein viele Fragen aufwirft. Aber auch erfahrene Autoren, Selfpublisher und Ghostwriter finden hilfreiche Hinweise – denn jedes Buch ist anders und jedem Anfang wohnt ein Zauber inne. Fangen wir diesen Zauber ein, blättern wir uns gemeinsam durch die Denk-, Schreib- und PR-Strategie, durch ein herausforderndes Projekt, das mit einer Idee beginnt und an dessen Ende rund 400.000 Zeichen in strukturierter Aufbereitung stehen.

Bringen Sie neue Gedanken aufs Blatt und Ihr Wissen in die Welt. Schaffen Sie etwas ganz Eigenes.

Das wünscht Ihnen
Gabriele Borgmann
Berlin, im Sommer 2021

Vor dem Schreibstart

2

Bücher zum Anfassen sind en vogue. Das beweisen die rund 90.000 Neuer-scheinungen, die jährlich den deutschen Buchmarkt fluten. *„Vorsicht Buch!"* ruft eine Branchen-Initiative unter Federführung des Börsenvereins dem Leser zu. Die augenzwinkernde Botschaft: „Bücher sind gefährlich, denn sie können ein Leben verändern und manchmal sogar die Welt." (Buch und Buchhandel in Zahlen 2013, S. 5) [1]

Für mich umfasst dieser Humor gedruckte und digitale Seiten gleichermaßen. Der Schrei um den Tod der Printwerke hat sein Echo längst verloren, denn sie leben mit dem E-Book in einträchtiger Co-Existenz. Die meisten Verlage produ-zieren beide Formate und damit verliert der alte Wettstreit seine Spitze, damit richtet sich der Fokus von Lektor und Autor auf das Wesentliche, nämlich auf Sichtbarkeit in den Buchhandlungen, Bibliotheken, Universitäten. In den Medien, auf den Plattformen im Netz wollen – und müssen – sie präsent sein. Ein Bucher-folg misst sich an dieser Beachtung, denn sie führt zu den begehrten hohen Verkaufszahlen. Das gilt auch für Selfpublisher. Für sie zum Trost muss heute eine Verlagsabsage nicht mehr das Ende des Traums vom eigenen Buch bedeuten.

Mit einem Verlag an der Seite

Schätzungsweise ein Drittel aller Werke entstehen im Alleingang oder durch Unter-stützung von Dienstleistern. Ich habe Respekt vor dieser Entscheidung eines Autors. Dennoch glaube ich, dass es sich lohnt, nicht schon nach der ersten Absage eines Ver-lages aufzugeben. Ein anderer greift vielleicht zu, ein Literaturagent kann Brücken bauen oder ein geändertes Konzept kann der Durchbruch sein. Lassen Sie sich vor allem als Erstautor nicht einschüchtern, sondern aktivieren Sie Ihren Wettkampf-geist. Kein Sportler dreht einen Salto ohne Training, niemand lernt ohne Misstöne auf einem Instrument zu spielen, kein Redner auf großer Bühne lässt die Funken ohne Vorbereitung sprühen. Niederlagen gehören zur Wirklichkeit.

© Springer Fachmedien Wiesbaden GmbH, ein Teil von Springer Nature 2021
G. Borgmann, *Vom Exposé zum Bucherfolg,*
https://doi.org/10.1007/978-3-658-35049-9_2

Die folgenden Argumente für einen starken Verlagspartner an Ihrer Seite werden Sie zu weiterem Suchen und Versuchen, zum Durchhalten bestärken:

- Das unternehmerische Risiko aus Lektorat, Grafik, Druck und Vertrieb trägt der Verlag.
- Autoren und ihre Bücher profitieren von der Zusammenarbeit zwischen dem Börsenverein des Deutschen Buchhandels, den Verlagspressesprechern und den Buchhandlungen.
- Das Verbreitungs- und Vertriebssystem der Verlage ist etabliert und wird stetig optimiert.
- Ihr Titel wird dem Buchhandel professionell angekündigt. Er erscheint in der Verlagsprogrammvorschau und wird dem Verlagsaußendienst vorgestellt, der regelmäßig die Buchhandlungen besucht und im besten Fall für Ihr Buch in den Verkaufsgesprächen wirbt.
- Große Verlage spielen die Informationen zum Buch regelmäßig elektronisch an die Online- und Zwischenhändler aus.
- Das Buch wird als Neuveröffentlichung auf der Verlagswebsite promotet, versehen mit Klappentext, Schlagworten, Metadaten und Themenkategorisierung.
- In den Verlagspressestellen gibt es einen differenzierten, gepflegten Presseverteiler. Die Verlagsmitarbeiter informieren diesen regelmäßig über Neuerscheinungen, also auch über Ihr Buch.
- Die Pressearbeit erfolgt kontinuierlich und der Kontakt zu zahlreichen Journalisten gestaltet sich persönlich und vertrauensvoll.
- Die Print-Bücher werden professionell gelayoutet.
- Verlage mit dichter elektronischer Infrastruktur überführen die Autorenmanuskripte in eine gute Datenqualität, passend für alle gängigen E-Book-Formate wie zum Beispiel html, kindle, epub.
- Große Wissenschaftsverlage initiieren Branchen-PR, Kooperationen, Sponsoring und Evaluation. Das alles können Themen in der Medienarbeit sein.
- Wenn es zu hochauflagigen Ratgebern und Sachbüchern passt, wird ein Merchandising-Konzept erarbeitet und umgesetzt.
- Zahlreiche administrative Aufgaben rund um das Buch von der Beantragung der ISBN über den Eintrag in die Liste der lieferbaren Bücher unter www.vlb.de bis zur Honorarabrechnung bleiben dem Autor erspart.
- Buchhändler stellen sich fast ausschließlich – zu 99,9 % – Verlagspublikationen ins Regal und erst recht ins Schaufenster.

Diese Gründe mögen ausreichen, um sich Schritt für Schritt an einen Verlagsvertrag heranzutasten und am Ende mit einem fertigen Skript termingerecht aufzuwarten.

2.1   Die Zeit zwischen Planung und Realisierung

Ein Autor, der für sein Projekt brennt, findet Wege zur Realisierung seines Buchs. Er glaubt an glückliche Umstände, einen sich ändernden Zeitgeist und vor allem an sein eigenes Talent. Das finde ich gut, denn eine solche Haltung deutet auf Wille, Fleiß und Disziplin hin. Diese drei Merkmale werden in den nächsten Monaten wichtig sein, denn alles, was nun folgt, dürfen Sie mit einem Hochleistungssport vergleichen. Ein Fachartikel ist ein Sprint, ein Buch ein Marathon. Und der geht bekanntlich an die Substanz. Unterwegs droht der Atem zu stocken, jeder Muskel sehnt sich nach Ruhe, nach einem Aufgeben vor dem Ziel, weil nachlassende Kräfte schmerzen. Ein Buch schreibt niemand nebenher. Sie brauchen Kondition und Motivation und vielleicht einen Begleiter, der Sie antreibt. Im besten Falle ist das der Lektor im Verlag. Im schlechtesten Fall reißt Ihr eigener innerer Kritiker Sie immer wieder aus den Zeilen.

Erstautoren steht eine lehrreiche, erfahrenen Autoren eine aufregende Zeit bevor. Sie werden schwanken zwischen der Enttäuschung, wenn ein Verlag eine Absage sendet, und der Freude, wenn der Verlagsvertrag im Briefkasten liegt. Bis dahin werden Sie mit Unlust, Energieräubern und vielleicht mit Schreibblockaden kämpfen. Begegnen Sie diesen Gefühlskapriolen mit angemessener Souveränität und mit dem Einsatz bewährter Arbeitstechniken.

Klarheit durch Fragen

Sicherlich wissen Sie, wie Sie schwankende Gemütsstimmungen wieder in Gleichmut verwandeln. Mancher meditiert, andere joggen, um ein Ventil für Ärger und Stress zu finden, wieder andere beleuchten die Situation in Gesprächen mit einem Schreibcoach oder Kollegen. Zusätzlich empfehle ich Ihnen: Machen Sie sich zu einem Experten für Fragen, denn die sind ein Recherchetool und ein Lösungsfinder zugleich. Durch Fragen können Sie Ihren Standpunkt definieren und Ihre Unsicherheiten völlig autark bewältigen. Es ist kein Geheimnis, dass richtig gestellte Fragen das Unterbewusstsein aktivieren und zu überraschenden Antworten führen können.

Ich horte einen ganzen Koffer voll und greife während der Entwicklungsphase eines Buches gerne hinein. Fragen laden ein zu Fantasien, zu Schritten auf unbekanntes Terrain. Wenn Sie sich zum Beispiel selbst hypothetische Fragen stellen – ‚Mal angenommen, ich definiere das Thema im Buch derart provokant wie sich zuvor noch niemand traute, wie würden dann Fachwelt und Leser über mich denken?‘ –, dann tauchen Sie tief in Ihre Wissenswelt ein. Sie verlassen Inhalte, die jeder schreibt und wiederkäut. Sie drehen an der Spirale bis zur Gefahrenzone. Grenzen verschieben sich erst, wenn Sie vorwärtsgerichtet denken und sich dann in Situationen einfühlen, bevor Sie handeln. Oder Sie ziehen die Blende auf Ihr Thema weit auf, indem Sie sich zirkuläre Fragen stellen:

- Welche Sätze im Exposé sind für einen Lektor Grund genug, mit mir Kontakt aufzunehmen?
- In welchen Worten wird sich seine Aufmerksamkeit verfangen, weil diese Worte meine Glaubwürdigkeit auf unkonventionelle Weise unterstreichen?
- Wie schaffe ich es, dem Herz des Lesers einen kleinen Stich zu versetzen, wenn er den Klappentext überfliegt?

Sie schlüpfen in andere Rollen und sehen die Wahrnehmungen voraus. Sie verlassen die üblichen neuralen Bahnen und wagen sich mit Ihrer Vorstellungskraft in die Köpfe der anderen vor.

Während der Recherche zu einem Buch kann es passieren, dass Sie sich in der Vielzahl der Hinweise verheddern. Sie lesen, was andere Autoren erklären und was Studien beweisen. Und an irgendeinem Punkt merken Sie, wie Sie das Gefühl für die eigene These verlieren. Was vorher konturiert wirkte, scheint zu verblassen. Dann eignen sich die Wunderfragen: ‚Was wäre, gäbe es kein Buch zu meinem Thema, hätte sich noch niemals ein Autor vor mir mit diesen Inhalten beschäftigt? Sicherlich wäre die Welt ein wenig ärmer, aber was wäre mir das allerwichtigste Argument, um mein Thema einzuführen?' Mit Wunderfragen lassen Sie verschwinden, was Sie stört, lassen Sie auftauchen, was Ihnen fehlt. Dieses Spiel mit den Gedanken bringt Sie Ihrem Wissenskern nahe.

Fragen können Ihre Selbstzweifel sanfter zeichnen. Mit der paradoxen Frage setzen Sie ein Stoppschild vor störende Gedanken. Fragen Sie sich: ‚Wenn mein Buch veröffentlicht wird, wie groß ist die Wahrscheinlichkeit, dass Spiegel, Fokus, FAZ und die einflussreichsten Blogger es in einem Leitartikel thematisieren und zerreißen?' Die Antwort wird sie beruhigen und vielleicht lächeln lassen: „Professionelles Fragen ist eine Kunst, die Fingerspitzengefühl, Erfahrung und handwerkliches Geschick erfordert." (Wehrle 2012, S. 7) [2]

Klassische Leitfragen für Autoren

Vor dem Schreibstart eines Sachbuches oder Unternehmensbuches wähle ich die vier Klassiker als Leitfragen. Die Antworten helfen mir, die Publikationsidee zu schärfen und von Beginn an Klarheit in den Prozess zu bringen. Nehmen Sie sich

Papier und Stift zur Hand und sinnieren in einer entspannten Atmosphäre über Ihre Absichten und Ziele.

1. Warum wollen Sie Ihr Buch schreiben?
2. Wen wollen Sie mit Ihren Texten erreichen?
3. Welches Buchgenre – Ratgeber, Sachbuch, Fachbuch, Handbuch, Lehrbuch etc. – eignet sich für Ihre Publikationsidee?
4. Bei welchen Verlagen möchten Sie vorzugsweise publizieren und aus welchen Gründen?

Zwei weitere Fragen möchte ich Ihnen ans Herz legen, um Ihr Buchprojekt zu planen:

1. Ist meine Idee gefragt am Markt?
Diese Antwort verlangt mehr als ein Bauchgefühl. Sie erfordert eine gründliche Recherche. Denn Sie wollen den Nerv des Lesers treffen. Das ist ein hoher Anspruch, der sich aus Branchenkenntnis und Intuition mixt. Bestenfalls bedienen Sie den Zeitgeist oder eilen ihm gar voraus: Wie der gerade tickt, erkennen und erfahren Sie.

- an der Trefferquote Ihrer Google-Recherche zu den Schlagworten Ihres Buchthemas,
- mit einem Blick in die Top- und Beliebtheitslisten von Amazon, auf die Toptitel bei www.buecher.de, www.libri.de, www.buchkatalog.de, www.orellfuessli.ch u. Ä.,
- an der Anzahl einzelner Titel im Sachbuchbereich der Buchhandlungen,
- an den Rezensionen in Zeitungen, Magazinen und Blogs,
- an den Beiträgen in Presseportalen wie www.firmenpresse.de, www.openpr.de u. Ä.,
- an den Bestsellerlisten – eine Übersicht der Topseller in Magazinen und Shops finden Sie unter: www.die-besten-aller-zeiten.de/buecher oder www.buchtipp. de/weltliteratur/weltliteratur-liste-die-100-besten-buecher,
- an den aktuellen Verlagsprogrammen. Eine Übersicht der Verlage im deutschsprachigen Raum bietet Wikipedia: de.wikipedia.org/wiki/Liste_deutschsprac higer_Verlage.

2. Habe ich ausreichend Zeit zum Schreiben?
Die schlechte Nachricht zuerst: Die zeitliche Dimension wird immer unterschätzt. Vor allem Erstautoren denken, mit zwei Stunden am Abend könne das Werk gelingen. Um dieser verbreiteten Fehleinschätzung zu entgehen, soll folgende Rechnung die Realität aufzeigen: Für Ihr Konzept benötigen Sie rund 20 h. Für die Gliederung samt Kapitelüberschriften und -teaser dürfen Sie mit weiteren 20 h rechnen.

Eine Seite Rohtext zu verfassen erfordert rund zwei Stunden. Für den Feinschliff benötigen Sie noch einmal so viel Zeit – also pro Seite weitere zwei Stunden.

In der Zwischensumme kostet Ihr Buch bei 200 Seiten 840 h. Und das ist erst die halbe Wahrheit: Für die Überarbeitung Ihres Buches in Gänze fügen Sie nochmals 50 % der bislang investierten Zeit hinzu. Dann folgt eine nicht ganz kalkulierbare Größe: die Fahne aus dem Lektorat. Summa summarum sind das mindestens fünf Monate Vollzeitjob für Ihr Buch. Können Sie das leisten? Wenn nicht, strecken Sie die tägliche Schreibzeit und planen mehr Monate ein bis zur Manuskriptabgabe – oder suchen Sie sich professionelle Unterstützung. Das Unterschätzen des zeitlichen Aufwandes ist einer der Hauptgründe, warum viele gut konzipierte Bücher niemals erscheinen.

Es gibt aber auch eine gute Nachricht: Während des Schreibens können Ihnen Flügel wachsen. Bei kaum einer anderen Tätigkeit finden Ihre beiden Gehirnhälften – Logik und Kreativität – zu einer harmonischeren Balance. Dieser Zustand katapultiert Sie geradezu in den Workflow. Schalten Sie die Störenfriede wie Telefon und E-Mail und vor allem Ihren inneren Kritiker aus und legen Sie los, hauen Sie in die Tasten. Jeder Tag zählt.

2.2   Recherche als Daueraufgabe

Bis Ihr Buch konzipiert, geschrieben und veröffentlicht ist, vergehen in der Regel eineinhalb bis zwei Jahre. Einen Großteil der Arbeitszeit nimmt die Recherche in Anspruch. Beginnend mit der Ideenfindung und endend mit der Manuskriptabgabe nimmt diese Aufgabe einen hohen Stellenwert im gesamten Prozess ein. Als Ghostwriterin für Bücher weiß ich um die Tücken auf diesem weiten Feld. Denn allzu leicht verliert man sich im Dschungel der Datenbanken oder stolpert über 1000 Details, die am Ende den Blick auf das große Ganze versperren. Recherche für Autoren ist eine sensible Angelegenheit und völlig frei von starren Regeln. Ein Autor entwickelt mit den Jahren seine eigene Systematik. Dennoch gibt es bei aller Kreativität durchaus erprobte und sinnvolle Abläufe.

Die Recherche beginnt mit der Ideenfindung

Sie wollen ein Buch schreiben und haben eine Idee für Inhalt und Titel. Hören Sie sich bei Fachleuten aus der Buchbranche, bei Lektoren, Literaturagenten, Ghostwritern, Schreibcoaches um. Die kennen Trends und Nischen. Fragen Sie nach auf Lesungen, Fachtagungen, in Telefongesprächen, ohne zu viel von Ihrer Idee zu verraten. Addieren Sie Ihre Intuition zu den Gesprächsergebnissen und schätzen Sie dann den wahrscheinlichen Bucherfolg ein. Eine hundertprozentige Logik gibt es nicht. Überraschungen gehören zur Buchwirklichkeit. *Leise Menschen* von Sylvia Löhken [3] landete auf Anhieb mit 150.000 verkauften Exemplaren im Spitzenfeld und wird mittlerweile in zwölf Sprachen übersetzt. Medien fanden Gefallen an Materie und Autor und so entwickelte sich ein Nischenthema zu einem unerwarteten Renner, nicht nur bei introvertierten Menschen. „Die Resonanz auf das Buch hatte etwas Ehrliches. Ich empfinde die Kommunikation mit denen, die das Buch gelesen haben, als ein Riesenprivileg", freut sich Löhken auf Nachfrage. Dieses und ähnliche Beispiele begründen das Hoffen auf Erfolg schon vor und während der Schreibphase. Ich halte sie für den Energietreiber Nummer eins.

Erste Marktanalyse für das Exposé

Lesen. Lesen. Lesen. Das ist der beste Tipp, den ich Ihnen geben kann. Die Szene wächst mit den Neuerscheinungen und besonders der Ratgeberbereich stellt einen starken Umsatzträger in Buchhandlungen dar. Hier ist die natürliche Neugier der Autoren, einmal genauer hinzusehen, wer sich im Themendunstkreis und in der Peripherie tummelt, nur angebracht. Nach dieser Recherche erst lässt sich ein Alleinstellungsmerkmal formen. Erst wer weiß, wo die Konkurrenz steht, kann davonstürmen mit neuen Ideen.

Um also Ihren eigenen Ansatz im Buch zu finden, ist das Lesen eine Pflichtübung zum Projektauftakt. Ab diesem Zeitpunkt wird Ihr Notizheft vermutlich Ihr treuester Begleiter sein. Tragen Sie Ihre Interpretationen, Geistesblitze, Zitate und Gedanken ein. Überlegen Sie sich ein System von Symbolen, um die Einträge nach Wichtigkeit zu markieren. Viele Autoren wählen Karteikarten, eingeteilt in die Kapitelstruktur des Buches, andere legen sich Ordner im PC an. Wieder andere nutzen das Clouding, um auf allen digitalen Geräten einen Zugriff zu den Gedanken zu haben. Das alles wird letztendlich Geschmackssache sein. Wichtig bleibt nur: Notieren Sie Ihre Ergebnisse sofort. Das Kurzzeitgedächtnis speichert Blitzgedanken ca. 20 s. Werden sie dann nicht stabilisiert, werden sie gelöscht.

Recherchieren während der Strukturierungsphase

Vor jedem Kapitel steht die Suche nach dem besonderen Detail. Ein erfahrener Autor weiß, wie ein einziger Satz, nie zuvor geschrieben oder gesprochen, einem ganzen Buch Glanz verleihen kann. Erinnern sie sich an Ihre Lieblingswerke. Was fasziniert Sie daran? Meistens ist es eine Metapher, die Ihre Vorstellungskraft weitet, oder der Mut eines Autors, sich weit über die üblichen Phrasen hinauszuwagen und Sie mitzunehmen. Oder es ist ein Argument, dessen Herleitung Sie überrascht, weil es neue Spuren entdeckt und weiterentwickelt.

Das Wissensangebot ist auf allen Kanälen extrem hoch und oft nur einen Klick entfernt. Es eröffnet sich auf Websites, in Blogs, in Wikipedia, auf White Papers, in Archiven. Sie können tief eintauchen, aber mein Rat lautet: Checken Sie jedes Ergebnis sehr genau auf Wahrheit. Puzzeln Sie Ihr Bild aus vielen Einzelteilen zusammen, die Sie niemals ungeprüft übernehmen. Auch Journalisten legen einen Recherchepfad an, auf dem sich eine Information an die andere reiht, stets kontrolliert und mehrfach bestätigt, oder greifen auf qualitätsvolle Hosts zurück, die in ihren Datenbanken ausschließlich Originalstudien und -analysen bieten. Hilfreich sind u. a. www.lexisnexis.de für Business-Belange mit juristischem Fokus, www.dimdi.de mit medizinischem Schwerpunkt oder www.statista.com für Statistiken und Reports zu Marktdaten und -einschätzungen.

Recherchieren und Schreiben

Während des Schreibens Ihrer Kapitel werden Sie immer wieder in Unterlagen nachschlagen oder den Wahrheitsgehalt von Aussagen prüfen. Sie werden in Zitaten blättern, sich für das eine oder andere entscheiden, um Ihre eigenen Herleitungen zu untermauern. Deshalb ist es wichtig, stets sorgfältig zu zitieren und fremde Worte mit Markierung und Quellenangaben zu versehen. Aber bitte verlieren Sie auf der Suche nach Zitaten Ihren Schreibstart nicht aus den Augen. Die Gefahr ist groß, dass Sie immer weiter verzweigten Pfaden im Netz folgen und sich von Ihrer eigenen Intention entfernen. Zur allgemeinen Literaturrecherche eignet sich https://scholar.google.de.

2.3   Genre und Regalplatz

Im Prinzip geht es Autoren um eines: die anvisierte Lesergruppe zu erreichen. Die Chance erhöht sich ungemein, wenn Ihr Buch im Regal oder auf der Theke der Buchhandlung landet. Diese beiden Kriterien zum Bucherfolg bedingen einander, das heißt, wenn der Leser nachfragt, bestellt der Händler. Und umgekehrt: Wenn Ihr Buch prominent und griffbereit im Laden platziert ist, kauft er. Beides geschieht, wenn Sie Qualität liefern. Der Leser spürt, ob Sie einen Mainstream mit fundierten Gegenargumenten parieren, das Thema gut durchdacht und strukturiert präsentieren, Erfahrungswerte einbringen, eine echte Botschaft vermitteln und vor allem eine Haltung ausstrahlen, die besagt: ,Ich bin ein Profi in meinem Metier und habe über den Rand meiner Zeilen hinweg noch einiges mehr zu sagen. Also: Kommen wir ins Gespräch.'

Machen Sie sich schon vor dem Projektstart klar: Sie schreiben für den Leser und nicht für sich selbst. Halten Sie sich den Leser lebendig in Ihren Gedanken, erkennen Sie seine Bedürfnisse und Einwände. Entwerfen Sie deshalb ein Profil von Ihrem potenziellen Käufer. Wie alt, gebildet, vernetzt ist er? Welche Vorlieben, Engagements zeichnen ihn aus? Das Nicken des Lesers auszulösen, bereits beim Durchblättern des Buches vor dem Regal einen Kaufimpuls zu wecken, das ist das erste Gebot für Ihren Bucherfolg. Mit einigen grundsätzlichen Gedanken vor Ihrem Projektstart kann aus diesem Traum Realität werden.

Stationärer Buchhandel als Umschlagplatz

Blicken wir zunächst auf den stationären Buchhandel. Bekanntermaßen tendieren die Zahlen in diesem Branchenzweig gen Minus. So muss sich der Buchhändler auf das Wesentliche konzentrieren, auf die Auswahl der Neuerscheinungen sowie Lesungen, Workshops, Diskussionen und das Versenden von E-Mails, Verfassen von Newslettern. Sein Alleinstellungsmerkmal stetig zu akzentuieren, ist ihm ein Anliegen. Beobachte ich einen Wandel der Big Player wie Thalia und Hugendubel, die ihre Standorte verkleinern und im Online-Sektor verstärkt mitmischen, so wird auf der anderen Seite sichtbar: Der Kunde registriert zunehmend die Flexibilität der kleinen Buchhandlungen, die persönliche Beratungskompetenz und mitunter den Griff zu Büchern mit unbequemem Charakter. Aufgrund dieser Tendenz lässt sich schlussfolgern, dass auch in Zeiten kleiner Infohäppchen via Internet die Menschen des Lesens von guten Texten nicht müde werden. Seitenweise. Buchweise. Sie wollen Texte mit Spannungsbogen und rotem Faden. Sie wollen ihr Wissen erweitern, einen Nutz- und Mehrwert erkennen, einen wirksamen Rat erhalten oder in Geschichten abtauchen. Das gilt für Menschen verschiedenen Alters, selbst Jugendliche lernen den Wert eines Buches zu schätzen – trotz digitaler Schnelllebigkeit. Das bestätigt eine Verbraucher-Analyse, die das Konsum- und Freizeitverhalten einschließlich der Mediennutzung auslotet:

Bei Bundesbürgern ab 14 Jahren rangiert das Lesen auf Platz 11 – vor Radiohö-
ren, Shoppen oder Party feiern. Das spiegelt der Datenbestand der Axel Springer
AG und der Bauer Media Group in der *Verbraucher-Analyse 2012*, [4] den der
Börsenverein abbildet. (Buch und Buchhandel in Zahlen 2013, S. 31). [1] Die
Sterne stehen also gut für Sie als Autor, dieses Bedürfnis zu bedienen.

Kriterien für Ratgeber, Sach- und Fachbuch

Die Buchwelt teilt sich grob in zwei Hälften, in Fiction und Nonfiction. Zu Letz-
terem zählen u. a. Ratgeber, Fach- und Sachbuch. Dieses Genre bündelt Fakten
anstatt der Fantasie freien Lauf zu lassen. Es bietet nachvollziehbare Argumentati-
onsketten und knüpft keine Fäden aus Szenen und Psychogrammen. Der Nutzwert
steht im Vordergrund. Sicher, nach amerikanischem Vorbild bedienen sich Sachbuchautoren gerne literarischer Erzählelemente, um die Gefühle des Lesers zu
streifen – im Jargon heißt das Storytelling. Dadurch kann ein Buch bisweilen
unwiderstehlich werden. Beim professionellen Fachbuch hingegen ist dieses Stilmittel tabu. Doch manchmal passiert es, dass der Autor die Genres verwechselt,
dass er abschweift, seinen Faden verliert. Dann stimmt der Gesamtauftritt nicht
mehr, weil der Deckel etwas anderes verspricht, als die Seiten bieten.

Es gibt unterschiedliche Charakteristika für Ratgeber, Fachbuch und Sachbuch,
die sich besonders in der Themenzubereitung und der Tonalität unterscheiden.

Ratgeber Der Autor bietet Lösungen für Probleme. Er gibt valide Handlungsemp-
fehlungen für die Praxis. Der Autor muss glaubwürdig vermitteln, dass er weiß,
wovon er schreibt. Das Thema ist seine Profession. Seine Anleitungen und Empfehlungen haben einen hohen Nutzwert. Er bietet Antworten auf Leserfragen und
persönliche Geschichten erzeugen Nähe und vielleicht sogar ein Déja-vu-Erlebnis
beim Lesen. Der Titel darf ein Erfolgsversprechen sein. Das Inhaltsverzeichnis ist
breit und flach, weist nicht mehr als zwei Ebenen auf. Es kann induktiv gegliedert
sein, also das Thema von einem Punkt aus auffächern.

Fachbuch Dem Autor geht es nicht um persönlichen Erfolg. Er will sein Wissen mit
Experten teilen. Er begegnet seinem Leser auf Augenhöhe, pflegt eher ein Under-
statement. Ein Fachbuch ist gewissermaßen ein Praktiker-Lehrbuch, keine Lektüre,
und umso gelungener, je lebendiger und klarer der Schreibstil bei aller Expertise
und fachlicher Dichte klingt. Fußnoten, Quellen, Zitationen sind nach wissenschaftlichen Standards angegeben. Jedes Kapitel dient der Wissensvermittlung, gibt den
Stand der Forschung wieder und darüber hinaus Anregungen, um sich weiter und

tiefer mit den Inhalten zu befassen. Es kann Arbeitsbuch, Handbuch oder Praxis-buch sein. Es verzichtet auf Wortspielereien und Schnörkel. Das Inhaltsverzeichnis ist konsequent gegliedert und mit mehreren Kapitelebenen versehen. Es kreist das Thema ein und bildet alle Facetten ab.

Sachbuch Der Autor stellt sein Thema in den Vordergrund – und tritt selbst zurück. Er schreibt für eine breite Zielgruppe und weiß: Er darf zwischen belletristischen und wissenschaftlichen Elementen wählen. Er muss die gesamte Bandbreite der Erzählweisen beherrschen, eine sehr gute Schreibstimme haben und Sinn für große Inszenierung. Ein Sachbuchautor kennt den Zeitgeist und weiß, wie er zwischen Wissensvermittlung und Nutzwert an die Gefühle seiner Leser appelliert. Die Tona-lität klingt leicht, selbstbewusst und niemals nach trockener Abhandlung, sondern sie verspricht überraschende und einsichtige Momente. Der Titel darf dramatisie-ren, provozieren, mit Anspielungen arbeiten. Das Inhaltsverzeichnis fächert sich deduktiv auf, schlägt den Spannungsbogen vom Großen zum Besonderen.

▶ **Tipp** Die Entscheidung, in welchem Genre Sie veröffentlichen, wird die Verlagswahl, den Schreibstil, den Aufbau des Buches und letztend-lich die Buch-PR beeinflussen. Die Art und Weise, wie Sie Ihr Thema aufbereiten, gibt vor, an welcher Stelle Ihr Buch im Regal stehen, in welcher Kategorie es u. a. bei Amazon gelistet und in welchen Medien es besprochen wird. Deshalb ist diese frühzeitige Festlegung sowohl für das Entwickeln des Exposés wie auch für die gesamte Skriptphase relevant.

2.4   Ideenraub, Titelschutz und Plagiate

An dieser Stelle möchte ich einige Worte zur Verschwiegenheit sagen. Sie ist für mich als Autor eine innere Haltung, ein Versprechen auch mir selbst gegenüber. Wenn Sie mit der Buch-PR zu früh starten, wenn Sie in Fachkreisen vor der Skriptabgabe und der Ankündigung in den Programmen zu detailreich plaudern, dann kann es passieren, dass nicht nur Sie von Ihrer Idee entzückt sind, sondern auch Mithörer Feuer fangen. Eine Idee genießt keinen gesetzlichen Schutz. Das wohl berühmteste Beispiel für diese häufige, leider irrtümliche Annahme liefern die Winklevoss-Zwillinge. Sie behaupten seit mehr als zehn Jahren, dass Mark Zuckerberg ihre Idee des sozialen Netzwerks raubte. Heute ist Facebook 50 Mrd. Dollar wert. Nur mithilfe der besten Anwälte erreichten die beiden Brüder einen Vergleich – und leiden nach eigener Aussage noch immer darunter, dass sie einst zu vertrauensselig waren.

Viele Autoren schweigen über ihre Publikationsidee. Weil sie nicht über unfertige Skripte reden, weil sie ihre Gedanken in Ruhe reifen lassen, weil sie die Ratschläge anderer nicht kommentieren wollen. Es ist klug, in dieser frühen Phase die Idee wie eine Kostbarkeit in sich zu verwahren und dieses Schweigen beginnt für mich bereits mit dem Arbeitstitel zum Buch. Denn anders als im Markenschutz greift der Titelschutz erst mit der Buchveröffentlichung und das heißt im Umkehrschluss: Der Eintrag in die Titelanzeigen im Börsenblatt für den Deutschen Buchhandel [5] bietet keine Sicherheit. Das Nennen unter der Rubrik Service erklärt lediglich die Absicht auf eine spätere Veröffentlichung und kann sogar eine Inspirationsquelle für Plagiatoren sein. Nutzen Sie diese Übersicht erst einmal zur Recherche statt zum Eintrag. Denn ergänzt durch die bibliografische Datenbank der Deutschen Nationalbibliothek [6] können Sie so feststellen, ob Ihr Titelwunsch noch frei ist und welche Trends sich abzeichnen.

Aus meiner Sicht haben Sie nur zwei Möglichkeiten, sich vor Ideenraub und Plagiat zu schützen:

1. ählen Sie den Zeitpunkt Ihrer öffentlichen Ankündigung mit Bedacht
Die Buch-PR beginnt mit dem Schlusspunkt auf dem Skript. Erst dann hat Ihre Publikationsidee eine Substanz erhalten, erst dann können Sie – im Idealfall gemeinsam mit ihrem Verlag – über eine effektive Zeitschiene zur Buch-PR nachdenken.

2. Positionieren Sie sich durch ein beständiges Sogmarketing als Experte
Sogmarketing ist ein wirksames Instrument gegen Mitläufertum. Bauen Sie Ihren Expertenstatus schon lange vor einer Buchveröffentlichung auf. Das wird sich später positiv auf die Verkaufszahlen auswirken. Ein Nebeneffekt dieses kontinuierlichen Feilens am Image ist nicht zu verachten: Je bekannter Sie sind, desto weniger werden sich Nachahmer trauen, Ihre Inhalte zu verwenden. Auf der anderen Seite weist ein Thema viele Berührungspunkte auf. Ob Unternehmenskultur, Persönlichkeitsentwicklung, Markenbildung, Schreibmethoden – die Spektren sind zu weit, die Forschungsergebnisse zu vielfältig, als dass ein Autor diese allein für sich beanspruchen könnte. Was Ihnen bleibt, ist eine beständige und fundierte Wissensvermittlung, ein fleißiges Schreiben rund um Ihre Expertise.

Als Instrumente des Sogmarketings eignen sich:

- Fachartikel zu Ihrem Thema
- Redebeiträge in Fachkreisen
- Posten von Themenhäppchen in Ihrem Social-Media-Verteiler
- Whitepapers, Blogbeiträge, Videosequenzen auf Ihrer Website

• Interviews in Medien aller Art.

▶ **Tipp** Ob Ihre Texte wortgleich mit fremden Federn abgeschrieben wurden, lässt sich unter www.copyscape.com feststellen.

„Wenn Sie einen Mitläufer sehen, ist es zu spät", soll der geldschwere Finanzier James Goldsmith gescherzt haben. Das gilt auch für Buchautoren. Entwickeln Sie Ihr Thema weiter, planen Sie mit der Abgabe des ersten Skriptes bereits ein Folgewerk. Seien Sie dem Wettbewerb immer einen Schritt voraus.

Literatur

1. Börsenverein des Deutschen Buchhandels: *Buch und Buchhandel in Zahlen 2013* MVB, Frankfurt am Main
2. Wehrle, Martin: Die 500 besten Coaching-Fragen. 2. Auflage, 2013. Manager-Seminare, Bonn
3. Löhken, Sylvia: *Leise Menschen – starke Wirkung. Wie Sie Präsenz zeigen und Gehör finden.* 2012. Gabal, Offenbach
4. Verbraucher-Analyse 2012, Axel Springer AG und Bauer Media Group, Abbildung: Börsenverein des Deutschen Buchhandels in Zahlen 2013; MVB, Frankfurt am Main
5. www.boersenblatt.net. Zugegriffen: 29.06.2021
6. www.dnb.de. Zugegriffen: 29.06.2021

Bucherfolg im Blick

3

Große Schreibprojekte verführen zu der Annahme, die Zeit sei ausreichend vorhanden, weil der Abgabetermin in weiter Ferne liegt. ,Warum soll ich mich stressen, wenn es auch in ruhigem Rhythmus geht?', mag manch ein Autor denken und der Illusion verfallen, dass eine gemächliche Gangart ausreicht. Das Trügerische an der Ressource Zeit ist allerdings, dass die messbaren und die gefühlten Einheiten oft im Widerspruch stehen. So kann es geschehen, dass der Autor ein wenig nachlässig wird und den einen oder anderen Schreibtag verschiebt. Dann denkt er vielleicht, er könne diesen einen Tag mit dem Schwung des nächsten einholen. Solche Ansätze sind gefährlich. Sie ebnen den Boden für die Aufschieberitis.

In den vielen Jahren als Autor habe ich eines gelernt: Das Zeitmanagement während des Schreibens folgt nicht den gängigen Regeln. Sie werden mit der Einsicht des italienischen Ökonomen Vilfredo Pareto nicht glücklich werden. Die besagt, dass Sie mit 20 % Einsatz 80 % Ihrer Aufgaben leisten können. Mag diese Methode für viele Bereiche im Business gelten und dort ein Garant für Effizienz und Effektivität sein, so bitte ich Sie: Vergessen Sie diese Zauberformel. Anstehende Kapitel sollten auch nicht in die Kategorien *wichtig und dringlich* oder *überflüssig* einsortiert werden. Das würde Ihren Elan tilgen. Oft setzen die geistigen Höhenflüge erst an, wenn Sie ohne Wertung und ohne Kategorisierung drauflosschreiben, wenn Sie Ihre Gedanken einfach gleiten lassen. Setzen Sie sich einen festen Rahmen und dann arbeiten Sie – ohne die Energie auf ein detailliertes Management Ihrer Aufgaben zu verwenden. Das lenkt Sie vom Wesentlichen ab und verkompliziert die Abläufe.

Zeitmanagement-Trainerin Sonja Schneider Blümchen, die diesem Thema ein Buch widmete [1], bestätigt im Gespräch:

© Springer Fachmedien Wiesbaden GmbH, ein Teil von Springer Nature 2021
G. Borgmann, *Vom Exposé zum Bucherfolg*,
https://doi.org/10.1007/978-3-658-35049-9_3

Wenn es nicht so läuft, wie Sie es planen, dann oft deshalb, weil zwischendurch Störungen eintreten. An manchen sind wir selbst schuld, für andere ist unsere Umgebung verantwortlich. Seien Sie also auf der Hut, erkennen Sie, wo die Zeitfresser stecken, die Sie von einem planvollen Arbeiten ablenken. So erreichen Sie Ihre Ziele und etwas Großartiges kann entstehen.

Die Quintessenz liegt auf der Hand: Planen Sie am Anfang Ihr Projekt und dann schreiben Sie täglich und stur Ihr Pensum. Stephen King soll es auf 2000 Wörter pro Tag bringen, unter 1000 sollten Sie nicht zufrieden sein.

Ein- und Ausatmen
Natürlich darf Ihr Projekt Sie nicht auslaugen und Freiräume für Kreativität sind nahezu eine Pflicht. Denken Sie dennoch an die Marathondimension. Während des Laufes steigen Sie auch nicht aus, um Bekannte am Straßenrand zu begrüßen oder um sich bei einem Cappuccino auszuruhen. Sie überlegen stattdessen vor dem Start, wie Sie sich Ihre Kräfte einteilen bis zum Ziel. Und dann laufen Sie los. Vielleicht senken Sie für wenige Meter das Tempo, aber Sie bleiben nicht stehen, verlassen nicht die Strecke. Meine Empfehlung für Ihren Schreibplan lautet: Planen Sie linear. Ohne Höhen, ohne Tiefen, aber in drei Etappen:

1. Einen Monat für Titel, Exposé und Probekapitel
2. Drei Monate für das Schreiben der Rohtexte
3. Drei Monate für Feinschliff, Testlesen und Lektorieren

Sieben Monate als Projektgröße sind sportlich, aber machbar – wenn Sie sich nicht in kleinteiligem Sortieren verzetteln. Denken Sie groß, aber legen Sie Zwischenziele fest, die das Ende dieser einzelnen Phasen markieren. Die sollten erreichbar, messbar und motivierend sein, zum Beispiel:

• *November 2014:* Ich versende mein Exposé samt Probekapitel an den Verlag meines Vertrauens. Vier Wochen später unterschreibe ich den Vertrag.
• *März 2015:* 200 beschriebene und gedruckte Seiten liegen vor mir auf dem Tisch. Sie beinhalten mein gesamtes Wissen zum Thema und darüber hinaus aktuelle Forschungen und Quellen. Die Struktur ist logisch, die Schreibstimme spiegelt meine Autorenpersönlichkeit.
• *Juni 2015:* Das Buch ist feingeschliffen, wirkt stimmig von der ersten bis zur letzten Seite. Stolz und erleichtert sende ich es drei Tage vor dem vereinbarten Manuskripttermin an den Lektor.

Ob Projekte erfolgreich sind, hängt häufig von den Protagonisten ab. Im Groben gibt es zwei Varianten: Entweder steht Ihnen ein Team mit Literaturagent und PR-Experte zur Seite oder Sie kämpfen alleine gegen alle Unwägbarkeiten. Im ersten Fall benötigen Sie einen gut gefüllten Budgettopf. Sie dürfen sich als Teamleiter verstehen und das gute Gefühl spüren, dass die Spezialisten um Sie herum die Aufgabe professionell erledigen. Sie können sich Ihren Kernaufgaben widmen, ein Sabbatjahr wird nicht nötig sein. Diesen Luxus leisten sich jedoch nur wenige Autoren, nicht nur aus Geldgründen. Viel gewichtiger wiegt das Argument: Der Autor will sein Buch selbst schreiben und vermarkten, weil es ihm eine Herzensangelegenheit ist. Er hat Sorge, die Nähe zu seinem Thema zu verlieren. Sehen wir uns im Folgen den an, nach welchen Kriterien Exposé, Probekapitel und Manuskript entstehen und wie Sie diese Herausforderung alleine meistern.

3.1 Exposé: Vom Fokustext bis zur PR-Strategie

„Vor die Edition haben die Verleger die Addition gesetzt", scherzte Bert Berkensträter. Er kannte sowohl die Autoren- und als auch die Verlagsseite; seine flotten Sprüche werden gerne als Aphorismen gewählt. Mit diesem Bonmot hat Berkensträter die Realität auf den Punkt gebracht: Ein Verlag ist ein Wirtschaftsunternehmen. An größeren Verlagsgruppen oder -konzernen sind meist Finanzinvestoren beteiligt. Die Bilanz am Jahresende muss daher Gewinne ausweisen. Das bringt alle Bereiche, insbesondere Herstellung und Lektorate, unter enormen Kalkulations-, Produktivitäts- und Termindruck. Schlechte Zahlen würden den Verlag und seine Arbeitsplätze gefährden. Also bewegt sich der Fokus in den Lektoraten zwischen der operativen Planung und den Absatzmöglichkeiten am Markt.

Bei der Einschätzung Ihres Exposés prüft der Lektor:

- Passt das Thema in das Verlagsprogramm?
- Für welche Zielgruppe ist das Buch relevant?
- Wirkt der Autor glaubwürdig? Ist er gut vernetzt, hat er in der Zielgruppe schon einen Namen?
- Ist die Gliederung gut strukturiert?
- Macht das Manuskriptangebot insgesamt einen guten, fehlerfreien Eindruck?
- Sind thematischer Ansatz und Botschaft klar?
- Füllt das Werk des Autors inhaltlich eine Lücke im Verlagsprogramm oder gar am Markt?
- Sind seine Erwartungen an den Verlag realistisch?

Fallen die Antworten positiv aus, packt er Ihre Seiten vielleicht in die Konferenz-
mappe, um sie mit Kollegen zu diskutieren.

▶ **Tipp** Verführen Sie mit Ihrem Exposé, aber bleiben Sie ehrlich. Die
Tendenz, sich als Autor ein wenig mehr zu strecken als üblich, bringt
Sie nicht weiter. Lektoren prüfen Referenzen, nehmen Fährten im
Netz auf, puzzeln Informationsteile zu einem realistischen Bild – die
Wahrheit kommt sowieso ans Licht.

Arbeitstitel: Vieles ist möglich

Der Titel ist ein Aufmerksamkeitsmagnet. Dieser Satz wird sich später nach
der Buchveröffentlichung bestätigen, denn nach allen Regeln der Verkaufskunst
beginnt die Verführung des Kunden mit genau jenen wohlgeformten Zeilen auf
dem Cover. Ein Titel ist ein Versprechen, ein Wortspiel oder eine Irritation und
immer ein Eintritt in die Semantik des Kunden.

Bereits im Exposé nimmt ein Titel eine bedeutsame Rolle ein. Auch wenn er
noch als vorläufiger Arbeitstitel angesehen wird, so haftet doch des Lektors Auge
zuerst auf diesen Worten. Denn sie geben einen markanten Hinweis auf das, was
auf den nächsten Seiten folgt.

Spielen Sie mit den folgenden kreativen Methoden, bis Sie von einer Variante
begeistert sind:

- Provokante Behauptung: Übersteigern Sie ein Sprichwort oder verdrehen Sie
  Wörter zu einer provozierenden These, zum Beispiel: *Kein Fleisch macht
  glücklich* [2]
- Finden Sie eine Aussage, die überraschend oder bissig wirkt: *Als unser Kunde
  tot umfiel* [3]
- Malen Sie ein Gedankenbild, das von Abenteuern und Sehnsüchten erzählt:
  Schatzfinder [4]
- Spielen Sie mit Worten und Buchstaben: *Mutti ist die Bestie* [5]
- Dramatisieren und verwirren Sie: *Die Zahl, die aus der Kälte kam* [6]
- Versprechen Sie eine bessere Zukunft: *Das Leben kann so einfach sein* [7]

▶ **Tipp** Alliteration, Provokation, Paradoxon, Metapher, Versprechen,
Slogan – all diese Stilmittel eignen sich für den Titel. Lösen Sie dann
Ihre Intention mit der Unterzeile sachlich auf. Hier wird deutlich, was
der Leser erwarten darf, hier finden sich die Schlagworte zum Inhalt.

Professionalität beweisen

Alles, was nun folgt, ist vertragsentscheidend. Zeigen Sie Ihr Know-how als Autor, indem Sie textliche Qualität liefern. Schreiben Sie stilistisch einwandfrei und thematisch durchdacht. Ein Exposé ist ein Feinschliff-Dokument par excellence, denn mit diesen Seiten überzeugen Sie den Lektor von Ihrem Manuskriptangebot und der Zusammenarbeit mit Ihnen. Ich möchte auf den nächsten Seiten die einzelnen Schritte erläutern. In der Summe führen sie zu einem Exposé, das die Verlagshürde überspringen kann. Das folgende Beispiel bietet Ihnen einen Leitfaden, der auf der Auswertung vieler erfolgreicher Exposés, Gespräche mit Lektoren und eigener Erfahrungen basiert und als solide Grundlage für Ihre Arbeit gelten kann.

Background
Leitfaden für ein Exposé

Titel und Untertitel
Beide Titel sind Arbeitstitel. Sie werfen ein erstes Schlaglicht auf das Buchthema.

Buchumfang
Ca. 220 Seiten, ca. 400.000 Zeichen.

Anmutung
Hardcover oder Softcover – das ist ein erster Hinweis für die Preiskalkulation.

Programmplatz
Zum Beispiel: Reihe Professionals, Management, Karriereplanung. Diese Positionierung gibt einen Hinweis auf die inhaltliche Ausrichtung und auf den Leserkreis.

Projektstatus
Exposé und Leseprobe liegen vor. Das Manuskript entsteht in fünf bis sechs Monaten. Damit wird Ihr Buchprojekt planbar.

Kurztext zum Buch
4000 Zeichen für Ihre Buchidee. Dieser Text soll anregend sein. Er bietet die Essenz für den Klappentext.

Fokustext zum Buch
Präzisieren Sie in wenigen Sätzen den Inhalt. Die sind später die Grundlage für Pressestatements, Programmvorschau oder Anzeigen.

Inhaltsverzeichnis
Diese Gliederung verdeutlicht den Spannungsbogen im Buch. Ein Inhaltsverzeichnis im Sachbuch überzeugt nicht durch Wortakrobatik, sondern splittert das Thema nachvollziehbar auf verschiedenen Ebenen auf. Es hat eine Schaufensterfunktion. Würden Sie in einen Laden eintreten, wenn sich die Waren unsortiert vom Boden bis zur Decke türmen? Wohl kaum. Sie erwarten Orientierung und Ordnung. Fügen Sie den Hauptkapiteln einen Themenabriss von einigen Zeilen hinzu, in dem Sie erklären, welchen Aspekt Sie auffächern werden.

Eine Gliederung besteht in der Regel aus Vorwort, Kapitelebenen, Nachwort, Danksagung, Über den Autor, Literaturverzeichnis und eventuell Glossar oder Register.

Stil- und Themenbereitung
Beabsichtigen Sie, Tests, Checklisten oder Anleitungen einzubauen? Werden Sie Ihren Kapiteln ein Storytelling hinzufügen? Wie werden Sie die Kapitel strukturieren? Wählen Sie die direkte Lesersprache? Erzählen Sie in der Ich-Stimme oder bleiben Sie in einer eher distanzierten allwissenden Haltung? Der Lektor wird abschätzen, ob der Stil zum Thema passt und die Leser erreicht.

Leser- und Zielgruppe
Werden Sie konkret. Als ich zu diesem Buch das Exposé entwarf, war klar: Es wird ein Buch für Autoren, die

- ihr erstes Buch schreiben,
- in einem Verlag publizieren,
- ein Praxishandbuch von der Idee bis zur PR suchen.

Ebenso für

- Schreibcoaches, die Ihre Klienten auf dem Weg zum Buch begleiten,
- Agenturen, die Unternehmen auf dem Weg zum Corporate Book beraten,
- Ghostwriter, die erstmals ein Buchprojekt planen,
- Trainer, Speaker und Experten, die sich nachhaltig positionieren wollen,
- freie Texter, Lektoren und Mitarbeiter in PR-Agenturen, Dozenten und Schreibberater.

Fragen Sie sich: ‚Wer könnte sich über Ihre naheliegende Zielgruppe hinaus für Ihr Buch interessieren? Institutionen, Unternehmen, Verbände, Organisationen, Fachmedien oder andere Multiplikatoren?‘ Es ist ein Pluspunkt im Exposé, wenn Ihr Buch das Potenzial für einen großen Leserkreis vermuten lässt.

Marktumfeld und Konkurrenz
Welche Bücher sind Ihnen während Ihrer Basisrecherche aufgefallen? Hier ist der Platz, um sie zu nennen. Listen Sie Autor, Name des Werkes, Auflage, Jahreszahl, Verlag und Erscheinungsort auf.

Unique Selling Proposition und Produktnutzen
Was will der Leser erfahren, um sich in seinem Beruf weiterzuentwickeln? Was wird der Auslöser sein, dass der Leser Ihr Buch zur Kasse trägt? Welche Kernsätze, welche Schlüsselbegriffe machen Ihr Buch auf den ersten Blick unverwechselbar und unverzichtbar? Finden

und formulieren Sie einen Claim und Werbeslogan! Produktnutzen, Lesernutzen sind die Basis für den USP (Unique Selling Proposition, Alleinstellungsmerkmal) – dieser bildet den Schlüssel, den Kern aller Werbe- und Verkaufsargumente. Diese drei Dinge dürfen nicht miteinander verwechselt werden. Am einfachsten lässt es sich am Beispiel eines Kochbuchs darstellen: Der *Produktnutzen* könnte hier aus aktuellen Informationen über die Zusammensetzung und Wirkung der Lebensmittel, neuen Rezeptideen, modernen Ernährungsformen, einfacherer Zubereitung etc. bestehen. Der emotional relevante *Lesernutzen* könnte lauten: ‚Gesundes Essen lässt sich leicht zubereiten', ‚Abwechslung in der Küche bringt Spaß und Freude', ‚So schmeckt gesundes Essen auch Ihren Kindern', ‚Verwöhnen Sie Partner und Gäste endlich mit gutem Gewissen'; weitere Aspekte könnten sein: mehr Anerkennung als Koch erreichen, viel Zeit in der Küche sparen, zum Trendsetter für mehr Lebensqualität werden o. Ä. Der *USP* im strengen Sinne geht noch darüber hinaus: Er soll den wirklich einzigartigen Vorteil bezeichnen, den der Leser tatsächlich nur mit Ihrem Werk gewinnt. In der Buchmarktwirklichkeit mit ihrer Publikationsflut lässt sich der USP-Anspruch des Einzigartigen leider nicht immer konsequent durchhalten, logischerweise betonen deshalb Autoren und Verlage häufig den Lesernutzen.

Über den Autor
Zeigen Sie Mut zur Selbstdarstellung. Der Lektor will wissen, ob Sie aufgrund Ihrer Bildung, Ihrer Karriere, Ihrer Persönlichkeit das Thema zu einhundert Prozent glaubwürdig vermitteln können. Er wird sich fragen: Wie ist der Autor positioniert und vor allem: Hat er bereits publiziert und einen Namen in der Branche? Bringt er einen eigenen Leserkreis mit? Treten Sie an dieser Stelle keinesfalls zu bescheiden auf, aber bleiben Sie unbedingt bei der Wahrheit. Wenn ein leiser Zweifel auftaucht oder Übertreibung und Schönfärberei spürbar werden, lässt der Lektor eventuell die Finger von Ihrem Buch.

Marketing
Einen weiteren Pluspunkt gibt es für Ihre Absicht, den Verkauf durch öffentlichkeitswirksame Maßnahmen anzukurbeln. Interessant sind Ihre Medienkontakte, die Größe Ihres Sozialen Netzwerkes, Ihre Veranstaltungs- und Seminaraktivitäten, Ihre Teilnahme an Messen, Fachveranstaltungen, Mitgliedschaften in Verbänden und Vereinen und darüber hinaus Ihre Beziehungen zu Unternehmen und Multiplikatoren aller Bereiche. Im Mittelpunkt Ihrer Überlegungen stehen die folgenden Fragen:

- Wen werden Sie ansprechen, damit Ihr Buch rezensiert wird?
- Welche Kanäle werden Sie nutzen, um Ihr Buch ins Gespräch zu bringen?
- Planen Sie eine Eigenabnahme oder gar eine Kooperation mit einem Ihrer Multiplikatoren?
- Veröffentlichen Sie regelmäßig Newsletter?
- Verfassen Sie regelmäßig Content-Beiträge?
- Planen Sie eine eigene Website zum Buch?
- Wie sind Sie vernetzt und wer könnte Ihr Buch empfehlen?
- Lässt sich ein virales Marketing etablieren?
- Werden Sie von einer PR-Agentur unterstützt?
- Werden Sie Anzeigen oder Pressemitteilungen veröffentlichen?
- Gibt es einen gepflegten Presseverteiler?

- Wo werden Sie in den nächsten zwölf Monaten Vorträge halten, Diskussionen leiten, in irgendeiner Weise öffentlich auftreten?
- Können Sie sich eine Diskussions- oder Leserunde, einen Workshop zum Buchthema vorstellen?

Die Antworten werden Ihr Engagement beschreiben und sind eine erste, wenngleich grobe Einschätzung für mögliche Verkaufszahlen.

3.2   Probekapitel: Schreibstimme und Schreibdichte

Ein Probekapitel stellt eine mächtige gedankliche Hürde dar, weil der Autor weiß: Aufgrund dieser Arbeit springt das Licht von Rot auf Grün. Allein dieser Gedanke aktiviert das Angstzentrum. Im Härtefall setzt das Stammhirn einen Impuls zum Totstellen. Ich kenne Autoren, die an einem einzigen Kapitel mehr als ein halbes Jahr schleifen und am Ende immer noch nicht zufrieden sind oder gar die Lust auf ihr Buch verlieren. Irgendwann verschwindet der Charakter im Text, verkommt zu einer sterilen Aneinanderreihung von Sätzen. Feinschliff ist ein sinnvoller und auf keinen Fall zu vernachlässigender Akt, aber die Grenzen zwischen Farbe und grauem Einerlei fließen weich.

Am ehesten finden Sie den Einstieg in Ihren Probetext, wenn Sie sich Ihre Freude aufs Schreiben wachrufen. Locken Sie Ihr Wissen mit kreativen Methoden hervor. In Abschn. 4.2 habe ich für Sie wirkungsvolle Gedankenöffner zusammengetragen. Stellen Sie sich bereits während des Rohtextens einen imaginären Leser vor, der Ihnen über die Schulter schaut und von dem Sie sich wünschen, dass er nach dem Schlusspunkt sagt: ‚Prima. Aus dieser Perspektive habe ich das Thema noch nie betrachtet. Danke für die Einsicht. Danke für die Lektüre. Ich habe sie gerne gelesen.‘ Ein solches Lob kann realistisch sein, wenn die Schreibstimme angemessen wirkt.

Schreibstimme und Charakter

Die Schreibstimme ist Ihr persönliches Merkmal. Mit ihr lassen Sie auf und zwischen den Zeilen durchschimmern, wer Sie als Autor sind. Kräftig und trainiert kann sie Leser gewinnen. Elegant, wortreich, eigenwillig, charaktervoll – so soll sie klingen, da tragen wir alle ein wenig Eitelkeit in uns. Wer den Mut aufweist, anders zu sein als die anderen, erreicht solche positiven Attribute. „Perfekt ist nur, was die Zeit übersteigt und für sich allein als Muster gelten soll", behauptet Thomas Steinfeld in seinem Buch *Der Sprachverführer* (2010, S. 14) [8] und spricht damit all jenen aus dem Herzen, die sich schriftstellerisch über reine Standards hinauswagen.

Die Schreibstimme zu perfektionieren, das verhält sich ähnlich wie das Lernen eines Instrumentes. Der Musiker eignet sich die Technik an und wagt sich immer weiter vor, bis er letztendlich aus Fähigkeiten und Wissen schöpfen kann. Querflötenspieler erinnern sich lächelnd an die ersten Versuche, als kein Ton dem Instrument entwich und jede verzweifelte Anstrengung eher zu einem Schwindel im Kopf führte als zum Klang. Und mit dem Zurückschrauben der Ansprüche, mit der Demut, zunächst lediglich ins Mundstück zu pusten und später erst in den gesamten Klangkörper, mit dem Lernen der verschiedenen Oktaven und immer wieder mit dem Frohsinn für neue Melodien, so entsteht Musik. Ähnlich verhält es sich mit der Schreibstimme. Sie will gepflegt und gefordert werden. Täglich. An dieser Stelle höre ich oft die Frage: ‚Wie erkenne ich diese Stimme?‘

Die Suche nach einer Antwort führt in die Vergangenheit: Erinnern Sie sich an die roten Notizen des Deutschlehrers am Rand Ihrer Schulhefte? Seine Kommentare waren vielleicht frustrierend, unterdrückten die Lust auf ein freies und wagemutiges Erzählen. Schreiben nach Vorgabe war damals die Regel Nummer eins und derart eingepresst in ein Raster ging mit den Jahren der Sinn für den eigenen Stil verloren. Und wenn wir diesen traurigen Weg weiter nachzeichnen, dann stand am Ende ein Formulieren nach Baukastensystem. Das mag der Grund sein, warum vielen Menschen reden einfacher fällt als schreiben. Aber zum Glück stirbt die Schreibstimme nie. Sie lässt sich jederzeit wiederbeleben. Dazu stelle ich Ihnen weiter unten eine hilfreiche Methode vor. Oder Sie greifen zu der ältesten Kreativübung der Welt: Sie schreiben Tagebuch oder gar einen Liebesbrief mit der Hand. Entdecken Sie Ihre gesamte Palette an Nuancen wieder, denn diese Vielfalt ist für Sie ein wertvolles Kapital. Trauen Sie sich, einfach draufloszuschreiben und dabei Ihre Emotionen herauszulassen. Man sagt, durch Schreiben kommen Sie Ihrem Unterbewusstsein nah, das kann ich dick unterstreichen. Lassen Sie Ihre Worte auf den Zeilen tanzen, entwerfen Sie Ihre Kür – ohne Furcht vor Kritik und Bangen um gute Noten.

Kreativübung: Gedankenräume öffnen

Nehmen Sie sich 15 min Zeit, sorgen Sie für Stille im Raum. Nehmen Sie Blätter und einen Stift zur Hand und bündeln Sie Ihre Gedanken einzig auf das Themenschreiben, das nun folgt.

Wählen Sie die Überschrift *Warum ich mein Buch schreibe* und lassen Sie Ihren Gedanken freien Lauf. Ihr innerer Kritiker schweigt, kein Lehrer, kein Korrektor wird Ihre Worte kommentieren. Wie immer Sie sich ausdrücken,

es ist gut und richtig, jede Wortwahl treffend. Sie spüren die Freude über
Ihre Sätze. Sie öffnen Gedankenräume für das, was Ihnen am Herzen liegt.
Meist erhöht sich Ihr Tempo nach wenigen Minuten – vielleicht empfinden
Sie gar einen Flow. Und mit dem lauten Lesen am Ende erkennen Sie Ihre
Schreibstimme in Reinform. Unterstreichen Sie vier, fünf Schlüsselworte im
Text. Bilden Sie zum Schluss einen Kernsatz. Das ist die Essenz Ihrer These,
die Botschaft Ihres Buches.◄

Eine Schreibstimme lässt sich schwer kategorisieren. Und das ist gut so, sonst
würde sie starr und den mannigfaltigen Ansprüchen nicht genügen. Ein Business-
Brief braucht eine andere Tonalität als eine Erzählung im Sachbuch. Aber ein
Themenschreiben gibt Ihnen deutliche Hinweise, ob Sie im Grundsatz konse-
quent oder verspielt, frech oder vorsichtig, zugewandt oder dominant formulieren.
Fragen Sie sich nach dem lauten Lesen Ihres Textes:

- Wie häufig verwende ich Adjektive?
- Welche Verben erzeugen Tempo?
- Wie wechseln sich kurze und lange Sätze ab?
- Welche Substantive sind außergewöhnlich?
- Welche Form der Nebensätze bevorzuge ich?
- An welchen Stellen im Text staune ich, weil eine Melodie, ein schneller Takt,
  ein Bruch, eine Harmonie entsteht?

An dieser Stelle könnten sich Autoren in die eigene Schreibstimme geradezu ver-
lieben. Hier will ich die Begeisterung ein wenig trüben und zu bedenken geben:
Vielleicht hat Ihr Leser einen anderen Geschmack als Sie. So bleibt es eine Herausforderung, zwischen den eigenen Vorlieben und den Erwartungen der anderen
zu balancieren.

> Machen Sie sich beim Schreiben eines Buches bewusst, was Sie Ihren Lesern damit
> geben wollen. Es ist ein Unterschied, den Lesernutzen abstrakt zu definieren oder sich
> ihn zur Maxime des Schreibens zu machen (Gorus 2011, S. 234). [9]

Ihr Probekapitel – Muster und Aufbau

Derart eingestimmt werden Sie sich Ihrem Probekapitel zuwenden. Aber welches
Kapitel eignet sich am besten? Betrachte ich den Spannungsbogen der Inhalts-
verzeichnisse in Sachbüchern, so bietet sich meist das dritte oder fünfte Kapitel

an. Denn bis zu diesem Punkt werden Sie Ihre Leser an den Kern des Buches heranführen. So bedeutet ein Probekapitel immer einen Sprung mitten ins Thema. Legen Sie Ihr ganzes Wissen und Können in diese ca. 20 Seiten, beweisen Sie, dass Sie Ihr Handwerk verstehen. Verzichten Sie dabei auf Experimente und rufen Sie sich den Satz aus Aristoteles' Poetik ins Gedächtnis: „Das Ganze ist, was Anfang, Mitte und Ende hat". Dieser Dreiklang gibt Ihrem Probekapitel den ersten Aufbau:

- **Einleitung:** Brennglas aufs Thema. Um was geht es in Ihrem Kapitel? Was ist die Frage, was das Problem? Versprechen Sie dem Leser Antwort und Lösung.
- **Mitte:** Argumente ins Zentrum. Was ist Ihre These und wie begründen Sie diese? Welche Metaphern, Beispiele, Stories untermauern Ihre Behauptung? Welche Reflexion erarbeiten Sie im Text und welche Analyse fächern Sie auf? Welche Hinweise und welchen Nutzwert bieten Sie dem Leser?
- **Ende:** These im Fokus. Mit welchem Stilmittel möchten Sie den Leser entlassen? Fazit, Tipp, persönliche Analyse zum Kernsatz, Appell oder Versprechen?

In diese erste Planung fällt ebenso die Frage nach der Tonalität. Wie begegnen Sie dem Leser: provokativ, wertschätzend, sachlich, frech, polarisierend, begleitend?

▶ **Tipp** Ihr Zeitrahmen für ein Probekapitel umfasst meist 14 Tage: Zwei Tage entwerfen und gliedern, sechs Tage schreiben, sechs Tage überarbeiten. Der Umfang beträgt rund 20 Normseiten mit 30 Zeilen à 60 Anschlägen.

3.3 Verlagssuche: Erwartung und Realität

In welches der etwa 2240 Verlagsprogramme könnte sich Ihr Buch einfügen? Die Suche nach dem Deckel auf dem Topf ist zuweilen anstrengend – und leider nicht immer von Erfolg gekrönt. Denn: Selten verfügen Erstautoren über einen direkten Draht zu einem Verlag. Zwar werden Autoren von Rang und Namen oder auch neue Universitätsprofessoren gerne von Literaturagenten mit einem Vorschlag zum Buch angesprochen, aber diesen Luxus genießen Erstautoren im Allgemeinen nicht. Für sie heißt es: Verlage recherchieren, auswählen, Kontakt aufnehmen – und dann warten und hoffen.

Sinnvollerweise filtern Sie fünf Favoriten zu Ihrem Thema aus Publikums-, Special-Interest-, Fachinformations- oder Wissenschaftsverlag heraus und sprechen diese parallel an. Es ist immer gut, sich Alternativen zu schaffen. Dann werden Sie später selbstbewusster verhandeln können. Aber erst einmal ist Geduld angesagt:

> Kleinere Verlage wie Schöffling, bohem press oder Feder & Schwert erhalten etwa 200 bis 400 Einsendungen im Jahr, bei mittelgroßen wie Campus oder Oetinger sind es zwischen 600 und 1000, bei den großen Häusern wie Heyne, Piper und S. Fischer landen sogar um die 1500 Manuskripte jährlich auf den Schreibtischen der Lektoren. (Englert 2012, S. 39) [10].

Um sich zwischen den großen und bedeutenden, den kleinen und innovativen Verlagen zurechtzufinden, möchte ich Ihnen die einfachen, aber effektiven Anregungen geben:

- Nehmen Sie in der Buchhandlung einige Werke Ihres Sachbuchbereiches in die Hand und betrachten Sie das Cover, den Klappentext, die Inhaltsangabe. Was löst in Ihnen einen Impuls zum Blättern oder gar Kaufen aus?
- Notieren Sie sich die Verlage Ihrer Wahl. Wo würde auf einen ersten Blick Ihr Thema gut aufgehoben sein? Welche Gestaltungsmerkmale gefallen Ihnen und welches Format sagt Ihnen zu?
- Recherchieren Sie bei Online-Buchhändlern. Sortiert nach Kategorien und Schlagwörtern, nach Beliebtheits- und Bestsellerliste, erhalten Sie einen Überblick über Bücher mit ähnlichem Inhalt. Wo stehen die Themen im Ranking? Das ist eine erste Einschätzung für einen Trend.
- Lesen Sie Rezensionen und Blogbeiträge, z. B. auf www.managementbuch.de, https://pilestoread.de, http://schreiblust-verlag.de. Welche Bücher von welchen Verlagen werden häufig von Lesern bewertet und vom Verlag beworben? Auf welchen Presseportalen finden Sie die Mitteilung zu einer Veröffentlichung? Eine Schlagwortsuche hilft weiter und zudem der Blick auf das Presseportal von www.newsaktuell.de. Diese Präsenz ist zwar kostenpflichtig, aber wird nachweislich von Journalisten gelesen.
- Lesen Sie aufmerksam die Websites von Verlagen, die Sie ansprechen möchten, und beachten Sie zudem die Novitätenlisten, z. B. auf www.buchmarkt.de.
- Erstellen Sie sich Ihre Verlags-Hitliste von eins bis fünf. Die Durchwahl und die persönliche E-Mail-Adresse der Entscheider im Verlag lassen sich online unter den Rubriken *Lektoren, Programmleiter* oder *Ansprechpartner für Autoren* ermitteln. Durch ein kurzes Telefongespräch vermeiden Sie es, dass Ihr Manuskript auf dem Stapel mit der Aufschrift *Unaufgeforderte Zusendungen* landet.

Aber nicht jeder Verlag möchte derartige Transparenz im Netz, weil die Tele-
fonanrufe die Abläufe stören könnten. Dann dürfen Sie kreativ werden, um den
richtigen Kontakt zu knüpfen:

- Fragen Sie bei Ihren Kollegen nach.
  Manche weisen durchaus die Haltung auf, dass in diesem Universum Platz
  für viele Bücher sei. Besonders die erfahrenen Kollegen verstehen sich oft als
  Business Angel denn als Konkurrent, wenn Sie um ein vertrauliches Gespräch
  bitten. Ein erster Ideen-Check, eine Empfehlung oder das Vermitteln eines
  Kontaktes kann der Anfang zur Verwirklichung Ihrer Idee sein. Aber bitte
  wählen Sie diese Gespräche mit Bedacht und immer unter dem Siegel der
  Verschwiegenheit.
- Knüpfen Sie Kontakte auf den Buchmessen in Frankfurt und Leipzig.
  Frankfurt ist die wichtigste Plattform für Sachbuchverlage und Autoren.
  Entsprechend lebhaft sind die Stände frequentiert. Sie werden aller Wahr-
  scheinlichkeit nach als noch unbekannter Autor keinen Termin erhalten. Fassen
  Sie sich dennoch ein Herz, besuchen Sie die Verlage Ihrer Wahl und sprechen
  Sie die Mitarbeiter an. Messen sind Stätten der Begegnung, des Netzwerkens.
  Versuchen Sie, Visitenkarten auszutauschen und später im Telefongespräch an
  den Augenblick anzuknüpfen. Damit haben Sie die Schranke der Kaltakquise
  übersprungen. Ähnliches gilt für Fach- und Verlagsveranstaltungen und für
  Lesungen. In einer Welt, die mehr und mehr aus digitalen Kontakten besteht,
  bildet sich eine persönliche Begegnung um ein Vielfaches nachhaltiger ab –
  auch wenn sie nur flüchtig war. Die Wahrnehmungsfilter im Gehirn wurden
  aktiviert. Das Sehen, Hören, Riechen hat einen hohen Wert für den Start einer
  Beziehung, hinterlässt einprägsamere Spuren als das Lesen einer E-Mail ohne
  ein Gesicht vor Augen.
- Beachten Sie Hinweise in Danksagungen oder im Impressum.
  Sicherlich ist es Ihnen aufgefallen: Zum guten Stil im Buch gehört der Dank.
  Der ist eine kleine Verneigung vor den Menschen, die während einer arbeitsa-
  men Zeit den Autor unterstützt und ermuntert haben. Ein solcher Dank gebührt
  eindeutig dem Lektor. Hier also steht der begehrte Name schwarz auf weiß,
  eingerahmt von schönen Worten – oder sachlich im Impressum.
- Nutzen Sie Profile auf Facebook, LinkedIn, Google + oder Xing.
  Einige Lektoren wählen diese Kanäle für Kommunikation und Networking.
  Denn: Verlage sind auf Autoren und gute Werke angewiesen und – auch wenn
  es der Zahl von rund 99 % Ablehnung eingereichter Manuskripte widerspricht
  – sie suchen ständig nach aussichtsreichen Werken.
- Üben Sie den Elevator Pitch.

Sie haben endlich den richtigen Gesprächspartner am Telefon? Dann handeln
Sie klug. Verlieren Sie sich nicht in Eigenlob, sondern stellen Sie in wenigen Sätzen Titel, Thema, Zielgruppe, Alleinstellungsmerkmal vor. Punkt. Das
sollte nicht mehr Zeit verbrauchen als eine Fahrt im Aufzug vom Erdgeschoss
bis in den dritten Stock. Diese Chance dauert eine Minute und ermöglicht
Ihnen, 100 Wörter zu sprechen. Vielleicht wird Ihr Engagement belohnt mit
dem Satz: ‚Senden Sie mir Ihr Exposé und einen Probetext an meine E-
Mail-Anschrift, die lautet …' Fragen Sie zum Abschied, wann Sie nachfassen
dürfen, und dann wenden Sie sich dem nächsten Kandidaten auf Ihrer Liste
zu.

Sachbuchverlage

Zu den begehrten Verlagen im Sachbuchbereich, der jährlich rund neun Prozent der gesamten
Branche ausmacht, zählen u. a.: Ariston, Business-Village, Campus, Cornelsen, Droemer
Knaur, Econ, Gabal, Hanser, Junfermann, Kösel, Linde, Orell Füssli, Piper, Redline, Rororo,
Springer, Wiley–VCH. Diese Liste ist nicht vollständig und sicherlich gibt es weitere, sehr gute
Verlage, in deren Programm Ihr Sachbuch sich einfügen könnte. Jenseits der renommierten
Häuser und der medienträchtigen Messen in Frankfurt am Main und Leipzig hat sich seit
mehr als vier Jahrzehnten die Mainzer Minipressen-Messe (MMPM) im Zweijahresrhythmus
etabliert. Sie versteht sich als Treffpunkt für Kleinverlage und Autoren. Erstwerke mit einem
Anspruch, gegen den Mainstream zu schwimmen, finden hier eine Alternative zu den großen
und sehr etablierten Verlagen.
    Eine Liste von deutschsprachigen Verlagen mit Programmschwerpunkten finden Sie unter:
wikipedia.org/wiki/Liste_deutschsprachiger_Verlage. [11].

Rechte und Pflichten: Der Verlagsvertrag

Autor und Lektor wollen den Bucherfolg. Nur sieht die Sichtweise meist unterschiedlich aus. Machen Sie sich den Lektor zum wohlgesonnenen Begleiter und
begreifen Sie seine Rolle nicht als Gegenspieler. Er war es schließlich, der Ihre
Publikationsidee vor Vertretern, Marketingleiter und Geschäftsführer angepriesen
und Argumente für Sie in die Runde gebracht hat. Somit hat er ein großes Stück
Verantwortung für Ihr Werk übernommen und wird, schon allein seines guten
Rufes wegen, einen Ehrgeiz entwickeln, um Sie zu fordern und zu fördern. Mit
dem Vertrag, den Sie unterzeichnen, beginnt die Zusammenarbeit, die Pflicht auf
Erfüllung auf beiden Seiten.
    Sie sind verantwortlich für Ihre Termintreue zur Abgabe, für die Einhaltung
des Seitenumfanges und des Abgabeformates. Ebenso bestätigen Sie, dass die
verwendeten Zitate korrekt gekennzeichnet sind, dass jegliches *Copyright* der

Abbildungen einwandfrei angegeben ist sowie die geistige Schöpfung Ihres Textes bei Ihnen liegt. Vereinbaren Sie immer das uneingeschränkte Nutzungsrecht, wenn Sie Dienstleister beauftragen, weil Sie Fotos, Grafiken, Fremdtexte etc. für Ihr Buch benötigen. Damit beugen Sie Rechtfertigungen und Mahnungen vor, sollten Sie später Bilder und Passagen für andere Zwecke jenseits des Buches verwenden. Hingegen bleibt die *Urheberwahrheit* beim Schöpfer des Werkes, egal, ob es als Verlags- oder Selfpublishing-Produkt veröffentlicht wird. Rechtsanwalt Guido Kambli, München, der sich u. a. intensiv mit dem Urheberrecht beschäftigt, gibt in einem Telefongespräch zu bedenken:

Beim Abschluss von Autorenverträgen mit Verlagen ist generell Vorsicht geboten. Insbesondere, wenn Sie als Autor vertraglich die Pflicht übernehmen, das von Ihnen verfasste Werk frei von Rechten Dritter abzuliefern, setzen Sie sich möglicherweise Unterlassungs- oder gar Schadenersatzansprüchen solcher Dritter aus. Versuchen Sie, mit dem Verlag eine so genannte Haftungsfreistellung auszuhandeln. Seien Sie sich aber bewusst, dass mögliche Klagen sich trotzdem gegen Sie als Urheber des Werks richten können. Durch eine Freistellung können Sie sich aber wenigstens im Innenverhältnis gegenüber dem Verlag absichern.

Allerdings, so meine Erfahrung, wird sich Ihr Verhandlungspartner im Verlag nur im Ausnahmefall auf diesen Rat einlassen. Je größer und renommierter das Verlagshaus, umso reglementierter und beschränkter ist meist der (Ver)Handlungsspielraum der einzelnen Programmleiter und Lektoren.

Ferner geben Sie mit Ihrer Unterschrift dem Verlag in der Regel die Erlaubnis, Lizenzen für eine Veröffentlichung im Ausland zu vergeben und Ihr Buch auch in anderen Formaten wie E-Book oder Hörbuch zu publizieren.

▶ **Tipp** Wer publiziert, kann seine Verwertungsrechte durch die VG-Wort wahrnehmen lassen. Einmal jährlich findet die Hauptausschüttung für die Rechteinhaber am Wort statt. Die jeweils aktuellen Quoten finden Sie unter: www.vgwort.de/dokumente/quoten-uebersicht.html.

Auf der anderen Seite wird im Vertrag u. a. die Höhe der Freiexemplare festgelegt, die Sie kurz vor oder mit dem Veröffentlichungstermin erhalten: Im Sachbuchbereich sind fünf Autorenbelege Pflicht und bis zu 15 die Norm. Diese Exemplare dürfen Sie nicht verkaufen, aber verschenken. Letzteres ist eine Geste, um sich bei den Menschen zu bedanken, die Ihr Projekt unterstützten. Weitere Bücher, meist mit einem Nachlass von rund 30 % auf den handelsüblichen Preis, stehen Ihnen für Ihre Seminar- und Öffentlichkeitsarbeit zu.

Wenn Sie im Hinblick auf Ihre Kunden, Geschäftspartner oder Seminarteilnehmer bei Erscheinen des Werkes selbst eine nennenswerte Anzahl Bücher erwerben, kann ein höherer Rabatt für diese einmalige Festabnahme vereinbart werden. Die Festabnahme und die dafür ausgehandelten Konditionen sind dann Bestandteil des Vertrags.

Bei guter Verhandlung räumt der Verlag Ihnen einen Vorschuss ein, der als Mindesthonorar gilt. Ein Anspruch darauf besteht nicht – dennoch lohnt es sich, mutig nachzufragen. Eine solche Zusage mag manchem Autor über eine erste Schreibphase hinweghelfen, wenngleich im Sachbuchbereich die Summen gering ausfallen: die Spanne reicht von 500 bis maximal 1500 € bei Abgabe des Manuskriptes. Ihre Einnahmen an den verkauften Exemplaren werden zwischen fünf und zehn Prozent betragen. Diese Einkommensquelle rechnet sich nach der Formel: Verkaufspreis minus 7 % Umsatzsteuer, minus Handelsrabatt von rund 40 bis 45 %, geteilt durch 100 mal x Prozent. Sie merken: Reich werden Sie mit den Tantiemen kaum.

Alle diese Konditionen sind mehr oder weniger der Normalfall. Raum für außerordentliche Verhandlungen gibt es erst einmal nicht. Heben Sie sich gesteigerte Ansprüche für später auf. Je mehr Sie publizieren, desto begehrter wird Ihr Name. Wenn Sie jedoch Zweifel quält, dann konsultieren Sie einen Rechtsanwalt für Verlags- und Medienrecht. Wohlgemeinte Ratschläge von Kollegen, Testlesern und all jenen, die sich berufen fühlen, Sie auf Details aufmerksam zu machen, sollten Sie überhören. Es könnte Sie eher verunsichern als bestärken.

▶ **Tipp** Die meisten Verlage orientieren sich am Normvertrag des Verbandes Deutscher Schriftstellerinnen und Schriftsteller (VS) in ver.di. Auf der Website https://vs.verdi.de finden Sie Muster als Download. Ebenfalls interessant ist die Informationen von Fairlag www.aktionsbuendnis-faire-verlage.com, dem Aktionsbündnis für faire Verlage.

Die Geschmeidigkeit während der Skriptphase

Nach dem ersten Stimmungshoch mit dem Vertrag in der Tasche folgen manchmal die Differenzen hinsichtlich Titel und Text. Dann streicht der Lektor Ihre Wortschöpfungen, weil er Sachlichkeit vorzieht. Dann finden Sie Kommentare, die auf den ersten Blick wie ein Angriff auf die eigene Schreibleistung wirken. Mit etwas Abstand betrachtet, können solche Hinweise jedoch sinnvoll sein. Ich finde: Die Harmonie sollte halten bis weit über die Korrekturfahne hinaus. Ein wenig Resilienz steht dem Autor gut zu Gesicht. Kritik zu ertragen ist reine Übungssache und daran zu wachsen ist eine Gabe. Sie können viel zu einem wertschätzenden Miteinander beitragen, wenn Sie den Schulterschluss suchen, statt den Konflikt zu riskieren. Fragen Sie während der Schreibphase nach,

- ob Ihr Lektor bereits kapitelweise lesen und korrigieren möchte,
- ob er das gesamte Werk am Ende erhalten will,
- welche Zitationsweise der Verlag erwartet,
- wie viel Zeit Sie sich für die Überarbeitung der lektorierten Version nehmen dürfen, um den Redaktionsplan nicht zu gefährden,
- wie viele Korrekturphasen vorgesehen sind.

Brisant wird es mitunter – wie bereits angedeutet – bei

- **der Titelwahl:** Während der Skriptphase läuft Ihr Vorschlag als Arbeitstitel mit. Erst vor der Quartals- oder Halbjahresplanung richtet die Programmkonferenz noch einmal das Augenmerk auf diese bedeutende Zeile – und ändert sie gerne. Bleiben Sie kooperativ und bedenken Sie: Der Titel muss Buchhändlern und Lesern gefallen, muss sich kategorisieren lassen und zudem mit prägnanten Begriffen in der Programmvorschau und in den Bibliotheksverzeichnissen abbildbar sein. Es geht also nicht nur um Witziges, Freches, Spielerisches. Aber auf der anderen Seite darf er Ihr Werk weder lächerlich machen noch übersteigern. Sprechen Sie ggf. Ihre Gefühle offen an.
- **dem Buchumfang:** Achtung, das ist eine Achillesferse. Halten Sie sich an die vertraglich vereinbarte Größe, denn die bildet sich frühzeitig in den Vorschauen ab. Zudem würden zahlreiche zusätzliche Seiten die Papier-, Druck- und Bindekosten erhöhen, wesentlich weniger Seiten könnten am Ende den anfänglich kalkulierten Preis nicht rechtfertigen. In Härtefällen kann der Verlag zurücktreten, wenn die Vorgaben unerfüllt bleiben.
- **der Tonalität:** Zwar gibt es Richtwerte für Stil und Ton in den verschiedenen Genres, doch bleibt ein Freiraum für den persönlichen Stil – und damit mutiert ein Text zur Geschmackssache. Atmen Sie erst einmal ruhig durch, wenn die Verlagskorrekturen auf Ihrem Bildschirm landen. Freuen Sie sich, dass sich Ihr Lektor entweder selbst die Zeit für Durchsicht und Feedback genommen oder zumindest einen Bearbeiter dafür beauftragt hat – denn unter dem heutigen Produktionsdruck ist das in der Verlagswelt oft schon die Ausnahme. Meist wird die Abgabe eines satzreifen Textes vertraglich vereinbart und erwartet. Umso hilfreicher empfinde ich es, wenn ein Verlag professionelle Unterstützung leistet.

Nach Erhalt der Lektoratsfahne arbeite ich mich nach einem festen Schema durch die Seiten: Zunächst bestätige ich die Rechtschreibkorrekturen im Änderungsmodus. Dann wäge ich in Ruhe ab. Dort, wo die Änderungsvorschläge des Lektors nicht schmerzen, willige ich ein. Dort, wo sie das ungute Gefühl hinterlassen, dass der Schreibcharakter verloren ginge, die Kernthese verwässert oder der Spannungsbogen gelockert würde, erinnere ich mich an meine Autorenhoheit – und suche das Gespräch. Denn mein Name wird das Cover prägen.

Doch bedenken Sie: Kritik ist meistens unwillkommen. Sie verunsichert, verärgert oder schmerzt. Machen Sie sich dennoch bewusst, dass sie von erfahrenen Buchprofis stammt, die dasselbe Ziel verfolgen wie Sie: den bestmöglichen Erfolg Ihres Werkes.

Vorsicht bei Zuschussverlagen

In jeder Branche gibt es schwarze Schafe, die den Kunden das Blaue vom Himmel versprechen und doch nur auf eines schielen: das Geld. Höchste Achtsamkeit ist geboten, wenn Verlage Anzeigen schalten und Banner blinken lassen, auf denen wie eine Verheißung steht: Verlag sucht Autor. Bei Nachfragen fällt der schöne Schein in sich zusammen. Derartige Unternehmen wollen an Eitelkeiten und Verzweiflung verdienen. Beträge bis in den fünfstelligen Bereich hinein soll der Schreibende für Redaktion, Grafik, Druck und Marketing auf den Tisch legen. Dazu kursieren einige Versuche im Netz, in denen Testpersonen völlige Unsinnigkeiten aneinanderreihten – und von derartigen Anbietern einen Lobesbrief mit Vertragsofferte erhielten.

Hinter solchen Kulissen versteckt sich eine Leistung auf niedrigem Niveau. Buchhändler werden Abstand halten, Medien ebenso. Die Akzeptanz in Branchenkreisen tendiert gegen Null. Mediafon titelte unlängst in einer Pressemitteilung: „Bei Zuschussverlagen kann man kein Geld verdienen" – und weiter:

> Wer Bücher bei einem Druckkostenzuschussverlag veröffentlicht, gibt damit zu erkennen, dass er das Schreiben nicht professionell betreibt, und kann deshalb dabei bestehende Verluste nicht steuerlich geltend machen. Das ist der Kern eines Urteils des Finanzgerichts Rheinland-Pfalz vom 7. Oktober. Dass es nicht gerade für eine professionelle Berufsausübung spricht, wenn ein Schriftsteller ein Buch bei einem Verlag veröffentlicht, dem er für diese Veröffentlichung Geld bezahlen muss, spricht sich in Autorenkreisen zum Glück zunehmend herum. Jetzt hat das Finanzgericht Rheinland-Pfalz diese Tatsache auch quasi amtlich in einem Urteil niedergeschrieben. [12]

Seriöse Verlage verlangen kein Geld vom Autor, um das Buch zu publizieren – ausgenommen sind Druckkostenzuschüsse bei Dissertationen. Wenn Sie keinen Verlag Ihres Vertrauens finden, entscheiden Sie sich besser für eine Veröffentlichung in Eigenregie. Dazu später mehr.

3.4 Serviceleistungen von Literaturagenten – Interview mit Dr. Harry Olechnowitz

Wer sich der manchmal anstrengenden Verlagssuche nicht hingeben will, überträgt einem Literaturagenten ein Mandat, denn das ist dessen Kerngeschäft. Agenten erahnen Trends und verfügen vor allem über jene Kontakte, die Autoren sich wünschen. Aber sie sind wählerisch, sortieren nach strengen Kriterien und gehen nur eine vertragliche Bindung ein, wenn sie vom Autor und seiner Publikationsidee überzeugt sind. Dazu schätzen sie die Marktfähigkeit ab und überlegen sich eine strategische Ausrichtung. Sie sind Mittler und Begleiter, meist endet ihre Dienstleistung längst nicht mit der Bucherscheinung. Dr. Harry Olechnowitz richtet beispielsweise sein Augenmerk auf Belletristik und Sachbuch und bietet ein Portfolio an, das selbst ein Autorencoaching für Lesungen umfasst. Er verfügt über langjährige Erfahrungen, war Lektor, Cheflektor, Verlagsleiter in Publikumsverlagen. Er kennt alle Ebenen einer inhaltlichen, formalen und konzeptionellen Beratung und Begleitung von Autoren. Als ich ihn nach seinen Einblicken in die Buchbranche fragte, sagte er spontan zu.

Interview

Dr. Olechnowitz, wie realistisch ist es für einen Erstautoren, einen Literaturagenten zu überzeugen?
Das ist durchaus realistisch, wenn bestimmte Voraussetzungen erfüllt sind: Der Autor muss sein Projekt klar kommunizieren können, ein gutes Exposé und eine aussagefähige Leseprobe sind unabdingbar.

Was sind die Vorteile einer Zusammenarbeit zwischen Autor und Literaturagent?
Der Autor kann sich voll auf seine eigentliche Arbeit konzentrieren: das Schreiben. Die persönlichen Kontakte eines Agenten, der die Branche gut kennt und viel Erfahrung hat, sind bei der Vermittlung eines Autors an einen Verlag sehr wertvoll. Agenten haben ganz andere Möglichkeiten, mit den entscheidenden Lektoren/Programmleitern direkt zu sprechen. Da spielt ein in Jahren aufgebautes Vertrauen eine große Rolle. Daher findet ein Agent eher Gehör als ein Autor, der

sein Manuskript allein anbietet. Zudem handeln Agenten in der Regel bessere Konditionen aus, denn Verlagsverträge sind lang und kompliziert, sie haben heute nicht selten einen Umfang von 20 Seiten oder mehr. Sie enthalten juristische Formulierungen, deren Bedeutung man kennen sollte. Ein Laie müsste sich damit eingehend befassen, um alles zu verstehen.

Wo beginnt die Zusammenarbeit und wo endet sie?
Wenn ein Literaturagent einen Autor unter Vertrag nimmt, beginnt die Zusammenarbeit damit, das Projekt in eine präsentable und erfolgversprechende Form zu bringen, ein gutes Exposé auszuarbeiten. Eine Agentur begleitet „ihre" Autoren bei allen Fragen und Problemen auf dem Weg bis zum Erscheinen des Werkes. Dann werden gemeinsam PR- und Marketingstrategien erarbeitet, die natürlich mit dem Verlag koordiniert werden müssen. Und: Frühzeitig wird auch das nächste Projekt besprochen. Agenten entwerfen mit Autoren langfristige Publikationsstrategien und beraten Autoren darüber hinaus in allen Fragen, die sich während der Zusammenarbeit mit den Verlagen ergeben. Das heißt, ein Agent ist zusätzlich ein Vermittler, wenn es zu Differenzen zwischen Autor und Verlag kommt.

Nach welchen Kriterien prüfen Sie die eingereichten Exposés und Manuskripte?
Kurz gesagt: ob die Projekte marktreif und marktfähig sind und für welche Programmlinien von Verlagen sie infrage kommen.

Wann kann ein Autor mit Ihrer Antwort rechnen?
Manchmal ist ein Projekt – nach der entsprechenden Aufbereitungsphase – in wenigen Tagen verkauft, manchmal dauert es länger. Das hängt nicht nur vom Projekt selbst ab, sondern ebenso von ganz bestimmten Arbeitsrhythmen der Verlage.

Darf ein Autor während der Vertragszeit selbst Verlage anschreiben?
Das wäre kontraproduktiv und nicht Sinn der Sache. Es gibt aber Ausnahmefälle in Absprache mit der Agentur.

Wie ermittelt ein Literaturagent sein Honorar?
Seriöse Agenturen arbeiten auf der Basis einer Erfolgsprovision; diese beträgt 15 %, manchmal 20 % von allen Honoraren, die durch die erfolgreiche Vermittlung der Agentur generiert werden. Nebenbei bemerkt: Ein Autor sollte sich nicht auf Extrazahlungen an eine Agentur – z. B. für Gutachten, Lektorat usw. – einlassen.

Wie sieht die Verlagssuche konkret aus?
Ein Agent hat eine konkrete Vorstellung davon, welche Verlage/Programme für welche Projekte in Frage kommen. Ich selbst arbeite fast ausschließlich mit namhaften großen und mittelgroßen Publikumsverlagen zusammen, und natürlich weiß

ich, welche Lektorin/welcher Lektor wofür verantwortlich ist und präsentiere die Projekte sehr gezielt in persönlichen Treffen, per Telefon oder E-Mail.

Was raten Sie Autoren, die sowohl von Literaturagenten als auch von Lektoren abgelehnt wurden und dennoch an ihrer Idee festhalten wollen?
Etwas Selbstkritik kann nicht schaden, und jeder Autor sollte Einwände bzw. kritische Anmerkungen von Literaturagenten, von Verlagen und Lektoren ernst nehmen. Auf der anderen Seite halte ich es für legitim, wenn ein Autor an seiner Idee festhält. Es gibt ja heutzutage auch andere Wege, als in traditionellen Verlagen zu veröffentlichen.

Dr. Harry Olechnowitz ist Inhaber der gleichnamigen Autoren- und Verlagsagentur in Berlin, www.agentur-olechnowitz.de.

▶ **Tipp** Eine erste Orientierung auf der Suche nach einer Literaturagentur und ihren Schwerpunkten geben das *Handbuch für Autorinnen und Autoren* [13] von 2015, http://www.uschtrin.de.

Literatur

1. Lemper-Pychlau, Marion/Schneider-Blümchen, Sonja: Alltagsintelligenz. 2013. Springer, Wiesbaden
2. Grabolle, Andreas: *Kein Fleisch macht glücklich.* 2012, Goldmann, München
3. Hinrichsen, Timo/Palluch, Boris: *Als unser Kunde tot umfiel.* 2012. Linde, Wien
4. Scherer, Hermann: *Schatzfinder.* 2013. Campus, Frankfurt am Main
5. Milsch, Torsten: *Mutti ist die Bestie.* 2013. Piper, München
6. Taschner, Rudolf: *Die Zahl, die aus der Kälte kam.* 2013. Hanser, München
7. Stahl, Stefanie: *Das Leben kann so einfach sein.* 2014. Ellert & Richter, Hamburg
8. [Steinfeld, Thomas: *Der Sprachverführer.* 2010. Hanser, München
9. Gorus, Oliver. Erfolgreich als Sachbuchautor. 2011. Gabal, Offenbach, Seite 234
10. Englert, Sylvia: *Autorenhandbuch.* 7. überarbeitete Auflage, 2012. Autorenhaus, Berlin, Seite 39f.
11. http://de.wikipedia.org/wiki/Liste_deutschsprachiger_Verlage. Zugegriffen: 29.06.2021
12. https://www.mediafon.net/meldung_volltext.php3?id=525d0e206033b&akt=news_allgemein. Zugegriffen: 16.04.2014
13. Uschtrin, Sandra: *Handbuch für Autorinnen und Autoren*, 8. Aufl. 2015. Uschtrin, München

Von der Manuskripterstellung zum veröffentlichten Werk

Irgendwann haben Sie Organisatorisches, Administratives und Logistisches erledigt. Das ist der Auftakt zum Buch. Ignorieren Sie die Ehrfurcht vor dem ersten Satz. Mythen ranken sich um ihn, Geschichten des Hoffens und des Haare Raufens, die sich nicht immer zu einem Happy End fügen. Schreibberater ermuntern, intuitiv zu handeln, ohne abzuwägen und zu begutachten, einfach die Worte gleiten zu lassen. Diesen Tipp will ich Ihnen als Merksatz einrahmen und an die Wand hängen. Denn damit nutzen Sie die natürlichen Impulse Ihres Unterbewusstseins, vertrauen Sie sich selbst. Für mich lautet das Gebot der ersten Stunde: *Legen Sie los!*, der erste Satz hat in diesem Stadium keine Bedeutung. Sie werden später an ihm hobeln, ihn schleifen, bis er glänzt. Verfransen Sie sich um Himmels Willen nicht schon beim ersten Wort. Das würde Ihre eng getaktete Zeitlinie stören, die aus drei Marken besteht:

1. Startmarke: Erster bis dritter Monat: Erstellung des Rohtextes
2. Mittelmarke: vierter bis sechster Monat: Feinschliff
3. Schlussmarke: Abgabe an den Verlag und warten auf die Korrekturfahne

Die Schwierigkeiten am Anfang mögen ein Grund sein, warum Literaturagenten in dieser Phase einen engen Kontakt zu den Autoren pflegen: Sie wollen motivieren und sicher sein: Das Manuskript wächst Seite um Seite, denn alle Protagonisten – Lektor, Grafiker, Drucker, Vertriebler, Vertreter, Buchhändler – verlassen sich auf den Fixtermin der Skriptabgabe. Am besten also vergessen Sie die ganze Dramatik um den Einstieg und finden eine sachliche Einstellung zum Schreibstart.

Betrachten wir die Situation nämlich von der wirtschaftlichen Seite, verschwindet die Romantik zusehends. Schreiben ist entweder Ihr Beruf, dann kaufen Sie Ihre Brötchen vom Verdienst aus dieser Tätigkeit – und wenn Sie nicht ein

© Springer Fachmedien Wiesbaden GmbH, ein Teil von Springer Nature 2021
G. Borgmann, *Vom Exposé zum Bucherfolg,*
https://doi.org/10.1007/978-3-658-35049-9_4

gewisses Quantum an Papier im Jahr beschriften, fällt im Folgejahr das Budget deutlich kleiner aus. Eine Verzögerung oder gar eine Blockade kann Ihr Business gefährden, weil Sie Anschlussaufträge nicht erfüllen.

Oder Sie verfassen das Buch als kraftvollen Imagebringer zur eigenen Positionierung. In diesem Falle werden Sie sich schnellstmöglich wieder Ihren Kernkompetenzen zuwenden wollen als Trainer, Speaker, Coach, Verkäufer, Experte für welches Metier auch immer. Schreiben ist in erster Linie Handwerk und Fleißarbeit. Und der künstlerische Aspekt? Pflegen Sie ihn, aber nicht mit Worten, sondern mit Taten. Picasso gilt als einer der einflussreichsten Künstler des 20. Jahrhunderts und diesem Ruhm liegt eines zugrunde: sein Tatendrang. Er schuf rund 15.000 Gemälde, zahlreiche Zeichnungen, Skizzen, Grafiken und weit mehr als 600 Skulpturen. Ihn zeichnet neben Sinn für Wirkung, neben Kreativität und Ausdrucksstärke eines aus: *Fleiß*. „Die Schriftstellerei ist, je nachdem man sie treibt, eine Infamie, eine Ausschweifung, eine Tagelöhnerei, ein Handwerk, eine Kunst oder eine Tugend", befand einst der deutsche Kulturphilosoph und Literaturwissenschaftler Friedrich von Schlegel. Manche Worte behalten ihre Strahlkraft jahrhundertelang.

Ich halte wenig von den Allüren, nur zwischen 2.00 Uhr und 4.00 Uhr nachts zu formulieren oder sich mit dem Notebook auf den Knien einen Schattenplatz am Seeufer zu suchen. Das können Episoden sein, um Energie zu tanken oder sich in Träumen zu verlieren, aber sie sollten – und können – nicht als Leitfaden für eine Manuskriptphase von sechs bis zwölf Monaten dienen. Schreiben ist Handwerk. Es erfordert die Wahl der Werkzeuge und die Tatsache, dass der Schweiß auf der Stirn auch mal tropfen darf.

Kreativübung: Eine Gedankenreise zum Einstimmen

Sorgen Sie für eine ruhige und ungestörte Atmosphäre. Machen Sie es sich bequem. Schließen Sie die Augen und wandern Sie noch einmal an jenen Punkt zurück, als Sie sich entschieden haben, Ihr Buch zu schreiben. Was spüren Sie? Glück, Begeisterung, Ehrgeiz, Erleichterung? Wie groß war Ihre Freude über Ihren Verlagsvertrag? Erleben Sie diese Gefühle aus Stolz, Elan und Zuversicht noch einmal in allen Farben. Halten Sie die Bilder fest, speichern Sie diese Stimmung, um sie immer wieder abrufen zu können, um ihre Haltung immer wieder positiv zu justieren.◄

4.1   Planen und Strukturieren von Sachbuchkapiteln

Wie Sie produktiv an Ihrem Manuskript arbeiten, ist abhängig von Ihrem Persönlichkeits- und Schreibtyp und Ihren Arbeitsgepflogenheiten. Es gibt kein Gut und kein Richtig. Einzig zählt, was sich für Sie gut anfühlt. Die Kategorisierung in Schreibtypen gilt daher für mich lediglich als erste Einschätzung. In der Realität vermischen sich die Grenzen zwischen intuitivem oder strategischem Schreiben, Versionen- oder Patchworkschreiben zu persönlichen Präferenzen. Dennoch ist es sinnvoll, einen Blick auf diese Schreibtypen zu werfen:

- Die **intuitiven** Schreiber öffnen die Ideenschleusen im Gehirn, indem sie drauflosschreiben, wenn es in den Fingern kribbelt. Sie lassen einfach fließen, was sie denken. Mit Tempo entsteht der Rohtext als essenzielle Grundlage. Schreiber dieser Art fügen meist intuitiv die Argumente stimmig aneinander – allerdings holpert der Text häufig im Satzaufbau oder ihm fehlen elegante Übergänge zwischen den einzelnen Absätzen. Die Nachbearbeitung ist von enormer Wichtigkeit, um Struktur, Satzaufbau und Wortwahl zu verfeinern. Dafür müssen sie mehr als 50 % der verfügbaren Zeit einplanen.
- **Strategische** Schreiber planen mit Hingabe. Sie sind entzückt von Ihren Entwürfen zur Kapitelstruktur. In vorbildlicher Manier puzzeln sie mit Überschriften, Zwischenzeilen, Schlüsselwörtern so lange, bis eine Idee vom Gesamtbild entsteht. Erst dann unterfüttern sie mit Fließtext. Wie ein Maler, der zunächst mit einem Kohlestift die Umrisse der Motive zeichnet, bevor er die Flächen mit Farbe füllt, nähert sich der strategische Schreiber mit Bedacht seinen Themen. Seine größte Herausforderung wird sein, den Einstieg in die Schreibphase nicht zu verpassen.
- Der **Pachtwork**schreiber fügt Kapitel und Szenen in unsortierter Reihenfolge aneinander und folgt seinen Ad-hoc-Eingebungen. Er springt zwischen den Seiten hin und her oder arbeitet parallel an unterschiedlichen Kapiteln. In individueller Weise lässt er sich leiten von Ideen und Einfällen und langsam webt sich sein Textteppich. Sein Augenmerk liegt am Ende auf eventuellen Bruchstellen zwischen den Kapiteln, auf einer logischen Struktur im Gesamttext und immer auf der Frage: ‚Verliere ich den Leser nicht?‘
- Ebenso kann ein Kapitel durch das **Versionen**schreiben entstehen: Viele Male verfasst der Autor seinen Text, schreibt ihn vom Anfang bis zum Ende. Er lässt die Gedanken frei über das Blatt laufen, weil er weiß: Das ist noch nicht der Weisheit letzter Schluss. Also schreibt er seinen Text noch einmal. In diesem Rhythmus erhalten die Seiten Substanz. Irgendwann sieht er das Maximum an Schreibdichte vor sich. Erst dann folgt der Schlusspunkt. Der Feinschliff

ist meist schnell erledigt, ist nur noch eine kosmetische Übung hinsichtlich Wortwahl.

Schreibcoach Ulrike Scheuermann charakterisiert in ihrer *Schreibfitnessmappe* [1] die einzelnen Typen. In einem Gespräch betont sie:

> Sie sind erst einmal Phänomene, von der Schreibprozessforschung definiert. Für den eigenen Schreibprozess gilt es nun zu prüfen, ob die bisherigen Strategien effektiv sind. Erlebt man den Prozess als quälend oder kreativitätshemmend, probiert man neue Strategien aus. Fährt man gut damit, muss man nicht unbedingt etwas ändern.

Ich lehne mich an dieser Stelle einmal weit aus dem Fenster und behaupte völlig frei von wissenschaftlichen Kategorisierungen: Während einer eng getakteten Manuskriptphase ist die Kombination aus strategischem und intuitivem Schreiben effizient und zielführend. Deshalb:

- Gliedern Sie mit der Akribie des strategischen Planers erst das gesamte Werk, dann jedes einzelne Kapitel.
- Haben Sie danach den Mut, ohne Zögern durch den Rohtext zu sprinten.

Es ist eine wunderbare Vorstellung, dass jeder Autor typgerecht schreiben kann, dass die Forschung jede Eigenart willkommen heißt und wertschätzt. Dennoch will ich Ihnen einen Leitfaden für Ihre Sachbuchkapitel an die Hand geben, weil ich glaube, dass ein Ausprobieren oder ein Trainieren, ein Einfühlen in die verschiedenen Phänomene während der Skriptphase eher hinderlich als förderlich ist. Erst einmal geht es nur um eines: um ein sichtbares Ergebnis in einem vorgegebenen Zeitrahmen, um eine innere Klarheit während des Schreibprozesses.

Kapitel planen

Planen Sie Ihr Kapitel wie ein Architekt ein Gebäude. Der fragt sich zunächst, wie die äußere Anmutung sein soll, welche Baumaterialien sich eignen, wie sich die Menschen, die dort einziehen, bewegen werden. Übersetzt in die Autorensprache bedeutet das: Mit welchen Mustern wollen Sie arbeiten? Die folgenden acht eignen sich für den Aufbau im Sachbuch:

1. Abstract: Spot auf den Inhalt
Wie ein Trailer zum Film werfen Sie Ihr Schlaglicht auf den Kapitelinhalt.

- Was versprechen Sie Ihrem Leser?
- Welche Anregungen, Eindrücke oder Einsichten wird er gewinnen?

Geben Sie so viel Information wie nötig, um die Aufmerksamkeit des Lesers zu erreichen, aber versprühen Sie nicht Ihr gesamtes Wissen. Wählen Sie eine übergeordnete Perspektive, ähnlich wie bei einem Blick vom Balkon zeigen Sie das Panorama. Die Details eröffnen sich dem Leser später, wenn er mit Ihnen gemeinsam in die Szene eintaucht.

2. These: Dreh- und Angelpunkt im Kapitel
Zoomen Sie Ihr Thema heran wie eine Filmkamera. Die Ansicht startet wie aus dem Universum, rast auf das Land, die Stadt, den Garten, die Haustür zu und landet mitten in einer Schlüsselszene. Beginnen Sie früh, die Fährten zu Ihrer These zu legen, verdichten Sie diese stetig. Nehmen Sie den Leser mit, indem Sie sich fragen:

- Welche Spuren legen Sie zu Ihrer These? Wo passen Fragmente? Wie können Sie die Zustimmung des Lesers frühzeitig erreichen?
- Wann nennen Sie Ihre These erstmals als Kernsatz?
- Welche Argumente untermauern Ihre These?
- Wie können Sie Gegenargumente vorwegnehmen oder entkräften?

Je subtiler Sie durch Gedankenspiele, durch Andeutungen und Hinweise auf Ihre These einstimmen, desto eher wird der Leser Ihnen folgen. Wecken Sie Erwartungen, erfüllen Sie diese peu à peu und niemals mit einem Paukenschlag. Einer dichten Stelle im Text folgt immer eine Leichtigkeit, eine Phase des Ausatmens. Das erreichen Sie durch den Wechsel aus Fakten und Storytelling.

3. Storytelling: Show, don't tell
Zahlen und Fakten bleiben um ein Vielfaches länger in den Köpfen hängen, wenn Sie diese in Geschichten hüllen. Oder finden Sie Metaphern, die überraschend sind, die staunen lassen. Wissen Sie beispielsweise, über wie viele Nervenzellen der Mensch zeit seines Lebens verfügt? Ebenso viele, wie Sterne am Firmament leuchten …
    Brechen Sie die Sachlichkeit auf durch Atmosphäre und Emotion. Für die Planung Ihres Kapitels bedeutet das:

- Welche Geschichte passt zur These?
- Welche Geschichte untermauert Ihre Glaubwürdigkeit?
- Welche Geschichte unterhält, vermittelt Wissen, gibt Ihrem Thema ein außergewöhnliches Bild?
- An welcher Stelle sollten Sie die Blende weit aufziehen, dem Leser eine Atempause gönnen und seine Gedanken in die Ferne schweifen lassen
- Wo dürfen Sie Ihrem Leser Nähe und ungeschminkte Wahrheiten zutrauen?

Erst durch eine zugewandte, humorvolle, leidenschaftliche Erzählung hauchen Sie Ihrem Kapitel Leben ein. Berühren Sie die Sinne – gönnen Sie dem Leser Raum zur Entspannung. Denken Sie daran, auch Lesen und Lernen besteht aus Einlassen und Loslassen.

4. Best-Practice-Beispiele: Beweis für Formuliertes
Leser mögen Erfolgsmodelle. Versprechen Sie ihnen diese. Nicht das Aufwerfen von Problemen lockt sie an, sondern die Aussicht auf Wissensvermittlung und vor allem Lösungen. Immerhin fordern Sie von ihm zwei Kostbarkeiten: Zeit und Geld. Daher sollten Sie von Beginn an zeigen, dass sich die Einsätze lohnen.

- Welche Beispiele aus Ihrer Praxis könnten den Leser zum Handeln motivieren?
- Welche Beispiele beweisen, dass Ihre These funktioniert?
- Welchen nachhaltigen Nutzen wird Ihr Leser gewinnen, wenn er Ihnen folgt?
- Wer kann mit einem Testimonial, einer Bemerkung oder einem Interview Ihre These bekräftigen?

Best-Practices-Beispiele bereichern ohne Zweifel Ihre Darstellungen, denn sie können zum Handeln motivieren. Streuen Sie diese wohldosiert in Ihren Text. Bedenken Sie: Ehrlichkeit und Authentizität schwingen immer zwischen den Zeilen.

5. Reflexion: Hochschrauben, festschrauben, wirken lassen
Beschreiben Sie die außergewöhnlichen Aspekte in Ihrem Buch. Polarisieren Sie, werden Sie nachdenklich oder laut, überraschen und fesseln Sie den Leser. Treten Sie aus der Komfortzone der Plattitüden, der längst bekannten Wahrheiten heraus. Zeigen Sie Engagement und Souveränität. Es geht darum, Interesse auf einem intellektuellen Niveau zu wecken.

- Wie können Sie Ihre Überspitzungen mit Fakten belegen?
- Was können Sie dem Leser zumuten und wann sollten Sie ihm wieder Sicherheit geben?
- Was wurde zu Ihrem Thema niemals vorher geschrieben, gesprochen, interpretiert? Sie wissen ja: Ein Autor wird umso erfolgreicher, je mehr Eigenes und Neues er vermittelt.

Grenzen verschieben Sie nicht durch monotone Mainstream-Aussagen, sondern durch eigens entwickelte, gut belegte Argumente, die hieb- und stichfest und nach Möglichkeit erstmalig formuliert sind.

6. Abstraktion: Denken auf vielen Ebenen
Ermutigen Sie zum Blick über den Tellerrand. Zeitmanagement beispielsweise hat nicht nur im Business einen hohen Stellenwert, sondern kann generell Orientierung im Alltag bieten. Ein Buch zur Resilienz im Beruf hilft nicht nur im Umgang mit nervigen Kollegen, sondern kann auch im Privaten von hohem Nutzwert sein, wenn es darum geht, Krisen auszuhalten oder Entscheidungen zu treffen.

- In welchen Lebenssituationen kann Ihr Buchthema für den Leser hilfreich sein?
- Welchen überraschenden Nutzen gewinnt der Leser jenseits seiner Erwartungen?
- Was muss der Leser tun, um Gelerntes anzuwenden und einen wirklichen Fortschritt zu erreichen?

Verlassen Sie die Ebene, auf der alle anderen stehen. Mit unterschiedlichen Abstraktionsgraden geben Sie Ihrem Buch eine besondere Note, machen es unverwechselbar, weil Sie den Spannungsbogen viel weiter spannen, als der Leser es erwartet.

7. Nutzwert und Empfehlung: Eine Anleitung zum Handeln
Holen Sie den Leser dort ab, wo er steht. Bieten Sie konkrete Schrittfolgen an, um das Gelesene auf Funktion und Wirkung zu testen.

- Was sollte der Leser unternehmen, um von Ihrem Wissen zu profitieren, um sein Problem wirklich lösen zu können?

- Welchen Nutzen hat er, wenn er Ihnen Schritt für Schritt folgt?
- Wie kann er sich über Ihr Buch hinaus weiterbilden?

Irgendwann muss auch den schönsten Worten eine Handlungsanleitung folgen. Ob als Appell, als Inspiration, als Idee für die Zukunft oder als Schritt-für-Schritt-Folge formuliert, das obliegt dem Geschmack des Autors. Wichtig bleibt allein die Hilfestellung, das Gelesene und Gelernte auf den Alltag zu übertragen.

8. Kiss-off: Ein Winken zum Abschied
Ihr Leser ist Ihnen bis zum letzten Kapitelsatz gefolgt. Er hat Ihnen Gedanken, Zeit und Wertschätzung entgegengebracht. Honorieren Sie das mit Freundlichkeit.

Wie möchten Sie zum nächsten Kapitel überleiten, damit der Spannungsbogen nicht reißt? Es gibt unterschiedliche Möglichkeiten, Fazit, Appell, Provokation, Frage, Empfehlung oder Inspirationssatz sind einige davon. Der letzte Eindruck bleiben haften.

▶ **Tipp** Wählen Sie Ihre Erzählstimme so früh wie möglich.

James Wood, Professor für angewandte Literaturkritik an der Harvard University, pointiert die Leseransprache mit den Worten: „Was wir im Wesentlichen haben, sind Erzählungen in der dritten und in der ersten Person". (2011, S. 19) [2] Das gilt auch für Sachbücher. Diese grundlegende Entscheidung fällt am Anfang. Was folgt, ist Planung, Handwerk und immer wieder die Auseinandersetzung mit dem Text.

Wie in einer Komposition fügen sich diese Muster zum Kapitel, die Kapitel zum Gesamtwerk. Sie verbessern die Leserführung, wenn Sie einen Rhythmus erkennen lassen, wenn sich die Kapitel in Aufbau und Struktur ähneln. Farbe, Abwechslung und Lebendigkeit erreichen Sie durch die Wahl der Worte, durch Ihren Sinn für Sprachwirkung.

Um den Übergang vom Planen zum Schreiben weich zu gestalten, gibt es erprobte Methoden. Wagen wir uns also vor zur Schreibphase.

4.2 Arbeitstechniken für große Schreibprojekte

Es ist ein Paradoxon: Sobald Sie besonders gut und gehaltvoll formulieren wollen, ringen Sie um Worte. Was Sie in einer entspannten Situation elegant und leicht dahinschreiben, fällt Ihnen plötzlich schwer. Sie fühlen sich blockiert. Statt sich mit Text zu füllen, bleibt der Bildschirm leer. Sie erleben einen klassischen Blackout. Das kann zu Missmut oder gar Panik führen und ist durchaus vergleichbar mit einem Redner auf der Bühne, der seinen Text vergessen hat.

Haben Sie jemals Lampenfieber vor einem Auftritt erlebt? Je mehr Sie sich innere Ruhe wünschen, desto heftiger schlägt ihr Herz, desto mehr bebt die Stimme, desto röter werden Hals und Gesicht. Je mehr Sie gegen diese Symptome ankämpfen, umso mehr steigern Sie die Aufregung. Ihr Stammhirn schlägt Alarm, flutet den Körper mit Adrenalin. Dagegen sind Sie machtlos. Jedenfalls zunächst. Die einzige Möglichkeit, diese leidige Situation zu überstehen, heißt: annehmen und abwarten. Irgendwann, nach tatsächlichen drei und gefühlten 300 s wird das limbische System aktiviert – und Sie finden zu Ihrer Leichtigkeit zurück, denn in dieser Region sind Lust und Glück verankert.

Sie können Gefühle nicht diktieren, aber durchaus anregen. Das gilt auch für das Schreiben. Vermeiden Sie den Stress eines Kaltstarts, den Druck zur Leistung. Wärmen Sie sich auf, gleiten Sie langsam hinein in Ihr Denken und Arbeiten. Vier Arbeitstechniken sind dafür wohlerprobt und altbewährt; sie geben Ihnen die Gewissheit, bestens vorbereitet zu starten.

Clustering für die Inspiration

In den 1980er Jahren prägte Gabriele L. Rico den Begriff Clustering. Bis heute gibt es meines Erachtens kaum eine wirksamere Methode, um die launische rechte Hälfte im Gehirn, in der die Kreativität wohnt, zu umgarnen. Es geht zunächst darum, die tieferliegenden, die überraschenden Bilder im Kopf hervorzuholen, um der Textintention eine persönliche Note zu geben. Neben Mindmapping oder Brainwriting steht das Clustering für mich an erster Stelle. Durch Assoziationen lässt sich wunderbar ein Schreibimpuls auslösen. So lautet der Ansatz:

Was uns fehlt, sind nicht Ideen, sondern ein Verfahren, das uns hilft, direkt mit ihnen in Verbindung zu treten. Clustering, das Knüpfen von ‚Ideennetzen‘, ist ein solcher ‚Zauberschlüssel‘. (1984, S. 27) [3]

Und das geht so:

- Schreiben Sie in die Mitte eines Flipchart-Papiers Ihr Schlüsselwort zum Thema und umgeben Sie es mit einer Wolke.
- Betrachten Sie Ihr Wolkenwort zunächst wertfrei und emotionslos.
- Sprechen Sie Ihr Wort vor sich hin, lauschen Sie nach, nehmen Sie die Gefühle wahr, die es in Ihnen auslöst.
- Spüren Sie den Reiz, weitere Assoziationen zu bilden? Dann fügen Sie die nächsten Wortwolken hinzu.

- Zeichnen und verbinden Sie auf diese Weise Ihre Gedanken zur einer Choreografie auf dem Blatt. Alles scheint sich um Ihr Schlüsselwort zu drehen. Sie haben es aufgefächert, indem Sie es um Ihre Ideenvielfalt bereicherten.

Ob ein Clustering aus Worten, aus Bildern, aus Symbolen besteht, ist ohne Relevanz. Wichtig ist, dass Sie Ihren Eingebungen folgen, einen Gedankenpfad vertiefen und sich bis in das Unterbewusstsein hervorwagen. Dann erst befinden Sie sich jenseits der ausgetretenen Wege, die jeder beschreitet.

Den roten Faden entwickeln

Kein Geringerer als der Literat und Universalgelehrte Johann Wolfgang von Goethe erkor den roten Faden im Text zum geflügelten Wort. Mag der Ursprung auch in der griechischen Mythologie zu finden sein, so nahm der Meister der Dichtung diesen Gedanken auf: In seinem Roman *Wahlverwandtschaften* (2. Kapitel, 2. Teil) aus dem Jahre 1809 heißt es:

> Wir hören von einer besonderen Einrichtung bei der englischen Marine. Sämtliche Tauwerke der königlichen Flotte sind dergestalt gesponnen, dass ein roter Faden durch das Ganze durchgeht, den man nicht herauswinden kann, ohne alles aufzulösen, und woran auch die kleinsten Stücke kenntlich sind, dass sie der Krone gehören. [4]

Der rote Faden hält den Stoff zusammen – und seither auch den Text. Die Krux ist nur: Es gibt keine Anleitung zum reißfesten Verweben. Ich habe die Empfehlungen mancher Schreibberater getestet und für mich festgestellt: Lediglich das kleinteilige Gliedern und das Arbeiten mit Kernsätzen hilft Autoren weiter.

- Betrachten Sie Ihre Kapitelgliederung auf dem Flipchart.
- Finden Sie zu jeder Kapitelüberschrift drei weitere Zwischenüberschriften. Wählen Sie dazu die Farbe Rot.
- Fragen Sie sich: ‚Was will ich dem Leser unter dieser Zwischenüberschrift mitteilen?' und formulieren Sie dann drei, vier Sätze zu jeder Zwischenüberschrift.
- Übertragen Sie diese Struktur in Ihr Word-Dokument.
- Halten Sie diesen roten Faden während der gesamten Rohtextphase im Blick. Unterfüttern Sie jede Zwischenüberschrift, jeden Satz in Rot mit Ihren Inhalten. Hangeln Sie sich an diesem Faden entlang. Auf diese Weise arbeiten Sie sich Kapitel für Kapitel vor.

- Erst im Feinschliff, wenn Sie die Zwischenüberschriften bearbeiten, die Übergänge glätten, werden Sie diese roten Zeilen löschen. Bis dahin sind sie Ihre Gedankenstützen.

Start mit Themenschreiben

Endlich nähern Sie sich Ihrem Schreibfluss. Aber bitte nicht mit einem Kommando, sondern mit einer Inspiration. Wertvoll für den gesamten folgenden Prozess ist es, wenn Sie die Sprachstrenge zur Seite schieben und Leichtigkeit in den Alltag bringen. Denken Sie nicht über eine Schreibhemmung nach, nicht an den Wortberg, der sich vor Ihnen auftürmt. Verlassen Sie sich auf Ihre Stärke, auf Ihr Talent und Ihre Durchhaltekraft. Wie oft im Leben gelingen Projekte besonders gut, wenn die Entscheidung zum Erfolg am Anfang fällt. Öffnen Sie also den Schreibfluss mit einer Imagination. Für mich ist das Themenschreiben einer der intensivsten Momente vor dem Einstieg ins Kapitel. Immer wieder bin ich überrascht, wie viel Freiheit selbst zwischen der kleinteiligsten Gliederung für Intuition bleibt. Zwischen den Überschriften zum roten Faden glitzern Ideen, kommen Wendungen zum Vorschein, die ich zuvor nicht erahnte. Ich habe Ihnen diese Methode bereits ansatzweise in Abschn. 3.2 vorgestellt, um Ihre Schreibstimme zu erkennen. Und auch hier, beim Einstieg in den Schreibprozess, entfaltet sich Ihre Kreativität:

- Nehmen Sie sich fünf Minuten Zeit.
- Schreiben Sie die erste Kapitelüberschrift auf ein Blatt.
- Lassen Sie fließen, was immer Ihnen zu dieser Überschrift einfällt.
- Stoppen Sie nicht, gehen Sie nicht zurück, schreiben Sie sich einfach nur vorwärts.
- Unterstreichen Sie nach Ablauf der Zeit drei Sätze, die Ihnen wichtig erscheinen, die Ihnen besonders gefallen.
- Bilden Sie aus diesen drei Sätzen Ihren Kernsatz. Er ist die gedankliche Essenz für Ihr Kapitel.

Perspektivenwechsel

Stilistisch perfekt kann unglaublich steril sein. Wenn alles im Gleichklang plätschert, wendet sich der Leser ab. Er vermutet keine Überraschung, keine

Abgründe, sondern er spürt: Der Autor dreht sich nur um sich selbst. Leser wollen den magischen Funken springen sehen, vom Blatt ins Auge ins Herz. Dann verzeihen sie Holprigkeiten oder werden nachsichtig, wenn der rote Faden reißt und sich erst Sätze später wieder zusammenfügt. Publikationsberater Jörg Achim Zoll erklärte, als ich ihn um eine Einschätzung bat:

> Leser greifen nur zu, wenn ein Buch bei ihnen wirklich einen Nerv trifft. Mittelmaß verkauft sich nicht mehr. Leser wollen emotional begeistert – und gleichzeitig rational überzeugt werden. Da ist es wichtig, sich zu fragen: Wie funktioniert Ihr Buch als Produkt?

Denken Sie noch einmal an einen Zeichner: Der entwirft sein Bild, indem er die Perspektive des Betrachters einnimmt. Er überlegt sich, welche Motive er hervorhebt, wie er durch ein Licht- und Schattenspiel den Betrachter verwirren, begeistern, ins Bild hineinziehen kann. In dieser Subtilität steckt die eigentliche Kunst.

4.3   Der Rohtext ist nur die halbe Wahrheit

Mit der Manuskriptphase drehen sich Ihre Gedanken ausschließlich um den Leser. Ihn abzuholen, aufzufangen, ihn verlässlich bis zur letzten Zeile zu begleiten, ist Ihre vordringlichste Aufgabe. Sie müssen diesen flüchtigen Gesellen schlichtweg verzaubern, sonst verschwindet er, bevor Sie ihn mit Ihrem Wissen und Ihrer Wortkunst beeindrucken können. Statistisch schenkt ein Leser Ihnen genau sieben Sekunden seiner Aufmerksamkeit. Fünf Zeilen überfliegt er, um Reizworte zu erkennen, die ihn in den Text hineinziehen. Durch die Nutzung digitaler Medien hat sich das Leseverhalten enorm verändert. Es ist schneller und oberflächlicher geworden als noch vor zehn Jahren. *See it, like it or leave it.*

Auf diesen Tanz nah der Klippe sollten Sie sich konzentrieren, und zwar vor und während des Schreibens. Ein falsches Wort und Sie stürzen ab. Da ist Ihr Leser gnadenlos. Sie auch? Dann lösen Sie sich von gedrehten, gestelzten, alltäglichen Sätzen. Lassen Sie einer Provokation Fakten folgen. Verstehen Sie sich als ein Experte, der mit Charme und Lebendigkeit, mit einer Prise Witz und immer mit Standfestigkeit seine Sicht auf die Welt im Allgemeinen und auf das Thema im Besonderen erklärt. Wenn Sie in Ihrer These zum Beispiel behaupten, dass Schulen und Hochschulen nach verkrusteten Lehrplänen unterrichten, dass eine große Reform längst überfällig ist, dann ist das ein Affront gegen Pädagogen, Bildungsbeauftragte und Kultusminister der Länder. Sie werden mit dieser Aussage Menschen zum Widerspruch herausfordern. Deshalb müssen Sie Ihre Aussage mit Forschungsergebnissen und Prognosen belegen, Einwände vorhersehen und Gegenargumente entwerfen, bevor andere sie aussprechen. Eine solche Haltung zur Diskussion einzunehmen und sie durch Herleitungen zu begründen, bringt Themen voran und setzt neue Impulse, ohne lediglich an der Oberfläche zu kratzen. Lassen Sie ein Gewitter an Argumenten los, aber vergessen Sie die Pausen zum Denken, Nicken oder Widersprechen nicht.

Kernthesen begründen
Um Ihre Kernthese im Kapitel eines Sachbuches herzuleiten oder mit Argumenten wasserdicht zu untermauern, eignen sich:

1. Logische Ketten
Beschreiben Sie zuerst die Situation, reflektieren Sie diese anschließend, ziehen Sie dann Ihre Schlussfolgerung und formulieren Sie Ihr Argument. Fügen Sie weitere Argumente hinzu, die stützend wirken, und leiten Sie am Ende Ihre Kernthese ab. *Konkret:*

- Einleitung,
- 1. Argument,
- Schlussfolgerung zum 2. Argument,
- Schlussfolgerung zum 3. Argument,
- Schluss.

2. Dialektischer Aufbau
Stimmen Sie den Leser auf Ihr Kapitelthema durch Storytelling oder Dialog ein. Finden Sie dann wieder die sachliche Ebene, indem Sie das stärkste Gegenargument anschließen, um dann mit einem sanften Proargument zu widersprechen. Lassen Sie diesem Ihr stärkstes Proargument folgen. Entlassen Sie den Leser mit einem Merksatz, der Ihre These aus den beiden Proargumenten unterstreicht. *Konkret:*

- Einleitung,
- Gegenargument,
- Proargument,
- Proargument,
- Schluss.

3. Argumentenreihe
Sie wollen keinerlei Widerspruch gelten lassen, denn Ihre Recherche, Ihr Wissen hält allen Gegenargumenten stand. Dann lassen Sie diese außen vor und reihen Fakten aneinander. Das bedeutet für Ihren Textaufbau:

- Einleitung,
- Argument,
- Argument,
- Argument,
- Schluss.

Altbewährtes wirkt bis heute

Der Spannungsbogen ist Versprechen, Verführung und Einsicht. Er startet leise zum Anfang, verdichtet den Stoff bis zur Mitte, dehnt sich bis zum Reißpunkt, um sich dann wieder zu lockern und mit einem leichten Bauschen gen Ende das Kapitel zu schließen. Betont der rote Faden im Text die Struktur und die Logik, so bringt der Spannungsbogen die Handlung voran und spielt mit der Aufmerksamkeit des Lesers. Mit diesem Werkzeug arbeiteten schon die Schreiber der klassischen Dramen in der Antike und selbst in den Drehbüchern von heute kommt es zum Einsatz. Die Länge der Stücke änderte sich über die Jahrtausende, aber die Lesegewohnheit bleibt ähnlich. Demnach besteht Ihr Kapitel aus drei bis fünf Akten. Sie dürfen über rund 20.000 bis 30.000 Zeichen, auf zehn bis 15 Seiten den Leser in den Bann ziehen. Deuten Sie Entwicklungen an, um den Leser im Text zu halten. Bieten Sie nicht schon am Anfang des Kapitels die gesamte These. Besser ist es, diese langsam herzuleiten, mit lebhaften Beispielen zu bereichern. Entwerfen Sie Dialoge, bieten Sie Szenen aus der Praxis, streuen Sie eine Anekdote ein. Spannung entsteht, wenn Sie erst die Fantasie anregen, Wünsche aufglimmen lassen, statt sofort Antworten zu liefern. Werfen Sie Schatten voraus. Flackern Sie mit einem Taschenlampenlicht, statt den Spot grell zu stellen. Wenn der Leser denkt, er erkennt Ihre Absicht, dann schalten Sie das Licht erst einmal wieder aus, um es einige Zeilen später wieder aufblinken zu lassen. Wahrheiten und Thesen in Sachbüchern sind häufig komplex und die Kunst des Autors besteht darin, dieser Dichte eine leichte Tonalität zu geben und Bilder im Kopf des Lesers zu entwerfen. Der US-Schreibcoach Roy Peter Clark rät in seinem empfehlenswerten Buch *Die 50 Werkzeuge für gutes Schreiben* (2009, S. 205): „Spannen Sie den Leser auf die Folter: Lassen Sie ihn warten". [5] Oder erzählen Sie bei einem ersten Date gleich Ihre gesamte Vita aus Erfolgen, Niederlagen und Krankheiten? Mit dieser Einstellung würden Soaps nicht funktionieren, Fortsetzungsromane aussterben und Sachbücher auf ein Fachartikelformat reduziert.

Wirksame Instrumente für Ihren Spannungsbogen sind:

Fährten legen: Führen Sie Ihren Leser mit Raffinesse zur These. Streuen Sie kleine Hinweise auf erhoffte Antworten. Führen Sie Ihren Leser Stück für Stück der Lösung näher. Bevorzugen Sie es, wenn der Kellner Ihr Fünf-Gänge-Menü von der Vorspeise bis zum Dessert gleichzeitig vor Ihnen aufbaut? Wohl kaum. Sie würden die Speisen verschlingen, aus Angst, sie könnten kalt werden. Von Genuss könnte keine Rede sein.

Wenn Sie ein Sachbuch über Coaching schreiben und den Wert einer phasenweisen Begleitung akzentuieren wollen, dann fragen Sie den Leser: ‚Angenommen, Sie fühlen sich überfordert, Sie können die Ergebnisse zum Projekt nicht zeitgerecht liefern. Was könnte Ihnen in diesem Dilemma eine Hilfe sein?‘ Öffnen Sie seine Gedanken für die Lösungen und pointieren Sie dann Ihre favorisierte.

Oder Sie schreiben ein Sachbuch über Charisma. Lange bevor Sie Ihre Definition dieser begehrten Eigenschaft bieten, sollten Sie mit den Details jonglieren. Erzählen Sie eine Geschichte zur Wirkung der Stimme, zur Selbstwertschätzung, zur inneren Haltung und zur Leidenschaft, zu jenen Attributen, die ein Charisma szintillieren.

Charisma

Der Künstler betritt den Saal mit schnellen Schritten. Der Stoff seines weißen Rüschenhemdes schillert im Bühnenlicht. Er nimmt Platz am Klavier, ohne sein Publikum eines Blickes zu würdigen. Mit seinen schlanken Fingern streift er die dunkeln Locken aus der Stirn, hebt die Hände und durchdringt die Stille mit düsteren Tönen. Dann – einer Explosion gleich – schmettert er seine Interpretation von Klang den Frauen und Männern entgegen. Seine Augen werden schwarz, sein Blick wild, der Körper scheint elektrisiert. Er schlägt auf die Tasten wie in Ekstase. Er springt auf, spielt weiter, stampft auf seinen Flügel, solange, bis er zerbricht. Wir schreiben das Jahr 1853, sind zu Gast in der Philharmonie in Berlin. Sie erleben Franz Liszt, einen Mann, für den die Frauen in Ohnmacht fallen. Und das geschieht nicht, weil sie sich ob der Mode das Zwerchfell zu eng schnüren, sondern einzig und allein, weil dieser Mann das gewisse Etwas hat, das ihnen den Atem verschlägt: Franz Liszt hat Charisma.

Charisma ist erlernbar. Nur wenige Ingredienzien sind nötig: ein wenig Leichtigkeit im Alltag, eine klare Haltung in jeder Situation, einen beweglichen Geist, Neugierde auf das Leben. Und den Mut, für die eigenen Ideen, Talente und Wünsche zu brennen. Nicht mehr und keinesfalls weniger. Um es mit den Worten von Franz Liszt zu sagen: „Glücklich, wer mit den Verhältnissen zu brechen versteht, ehe sie ihn gebrochen haben."◄

Spannung entsteht, wenn Sie ein Kopfkino inszenieren oder wenn Sie dem Leser subtile Fragen stellen, Rätsel aufgeben, ihn mit Begeisterung, Perspektivenwechsel und Zeitsprüngen unterhalten, wenn Sie sich trauen, die Sachlichkeit mit Emotionalität zu verknüpfen. Hierzu eignen sich.

Cliffhanger Von diesem Stilmittel leben Fortsetzungsromane und Soaps. Und sparsam angewandt, kann der Cliffhanger auch ein wirksames Stilmittel für Sachbücher sein. Der Cut kommt an der unterhaltsamsten Stelle mit dem Versprechen, später zurückzukehren und aufzulösen. In einem Ratgeber für Trainer kann das wie folgt klingen: ‚Unterbrechungen während eines Vortrags sind immer störend. Bevor ich Ihnen bewährte Reaktionen darauf nenne, will ich Ihren Blick auf ein anderes, überaus wichtiges Thema lenken …‘.

Szenenschreiben Ihr Storytelling schafft Atmosphäre und Lebhaftigkeit. Es lässt den Leser in die Materie eintauchen. Es bricht ein Sachthema in eine Erzählform auf, spricht Emotionen an. Sie dürfen wörtliche Rede wählen, Protagonisten entwerfen, Klischees bedienen oder überraschende Szenen entwickeln. Sie dürfen für eine kurze Zeit abschweifen. Wichtig bleibt, den Faden der Sachlichkeit wiederzufinden und nicht im Plauderton stecken zu bleiben.

Ein Sachbuch zum Thema Schreibmotivation könnte wie folgt beginnen:

Eine Autorin, nennen wir sie Maria, startet jedes Schreibprojekt voller Elan. Sie versinkt geradezu in ihr Projekt, ist für Mann und Freunde kaum noch ansprechbar, ignoriert die Aufgaben des Alltags. Zehn Stunden und mehr am Tag klimpert sie auf den Tasten, unterbricht diesen monotonen Takt lediglich, um den Kaffeedurst zu stillen. Mit jedem Tag werden die Schatten um die Augen dunkler, der Gang schwerer, das Blässe im Gesicht durchsichtiger. Maria steuert in eine ernsthafte Überlastung …◄

Auch als Sachbuchautor können Sie mit verschiedenen Erzählformen spielen, können Stilmittel der Dramaturgie einsetzen, wenngleich sparsam. Inspirationen finden Sie in den großen Werken der Weltliteratur. Sie zeigen, was Storytelling bewirkt, nämlich ein völliges Eintauchen in Szenen, vom ersten Satz an. Einer der berühmtesten Sätze ist jener von Leo Tolstoi in Anna Karenina:

Alle glücklichen Familien gleichen einander, jede unglückliche Familie ist auf ihre eigene Weise unglücklich. (2006, S. 7)[6]

Wiedereinstieg nach der Schreibpause

Irgendwann lässt die Konzentration nach. Während des temporeichen Rohtextens werden Sie zumeist nach 45 min ein kleine Schwäche spüren, um Worte ringen, langsamer denken. Wichtig scheint mir, dann den Raum zu verlassen. Begeben Sie sich aus der Situation heraus. Schalten Sie ab. Aber nicht länger als 15 min, um gedanklich im Schreibmodus zu bleiben.

Betrachte ich die Anliegen der Autoren, die ich in dieser Phase begleite, so steht ganz oben auf der Agenda die Frage: ‚Wie kann es gelingen, nach einer Pause wieder in den Schreibfluss zu gelangen?' Drei Methoden eignen sich nach meiner Erfahrung:

1. **Appetizer:** Lesen Sie zehn Minuten lang eine wortreiche, inspirierende Lektüre, um die Freude aufs Schreiben wiederzuentdecken.
2. **Satzsprint:** Wiederholen Sie den letzten Satz Ihres Rohtextes und schreiben Sie ihn ohne Pause und Zögern drei Minuten lang fort.
3. **Wortwolken:** Lesen Sie die letzten Seiten laut vor. Schreiben Sie fünf bis zehn Substantive auf, die Ihnen zur Fortsetzung einfallen. Wählen Sie die drei sinnvollsten aus und malen Sie Wolken darum. Fallen Ihnen weitere Assoziationen ein? Nutzen Sie den Schreibimpuls für Ihren Wiedereinstieg in den Text.

4.4   Der Glanz kommt mit dem Feinschliff

Ein Feinschliff ist kein Lackieren der Oberfläche, sondern eine Textüberarbeitung in mehreren Schritten. Es ist ein Eingriff mit Tiefenwirkung. Was immer Sie bisher zu Papier gebracht haben, es ist ein Grundrauschen und längst noch keine Melodie. Kein Rohtext ist ausgegoren, er ruft geradezu danach, verbessert zu werden, in Struktur und Wortwahl, in Logik und Tonalität. Diese Aussicht auf Überarbeitung hat etwas Beruhigendes. Was immer textlich entsteht, es lässt sich später ändern und vertiefen. So schwärmt der Autor und Verleger Sol Stein:

> Wie oft wünschen wir uns im Laufe unseres Lebens, wir könnten eine bestimmte Unterhaltung, ein bestimmtes Ereignis rückgängig machen und noch einmal von vorn und ganz anders beginnen. In der Textüberarbeitung haben wir diese Möglichkeit. (1999, S. 412) [7]

Gehen Sie erst einmal auf Distanz, lassen Sie den Text reifen für mindestens eine Nacht. Änderungen brauchen Zeit.

Grundsätzlich wechsele ich den Raum für den Feinschliff, wähle das Arbeiten auf Papier statt am PC. Durch lautes Lesen, durch das Streichen der Sätze per Hand entsteht ein anderer Blickwinkel auf den Text. Sie werden zögerlicher, denken intensiver über Ihre Formulierungen nach. Einen Text zu bearbeitet bedeutet auch, sich von lieb gewonnen Sätzen, manchmal von ganzen Passagen zu trennen. Kürzen kann wehtun, trägt aber ungemein zur Textkontur bei. Zu viele Worte können den Inhalt verwässern, dann wird der Spannungsbogen schlaff.

Dennoch möchte ich Ihnen nicht raten, ohne intensive Reflexion zu löschen. Viel eher eignet sich die sanfte Methode des Steinbruchs. Damit verschieben Sie am PC zunächst alles Überflüssige in eine neue Datei. Was den Lesefluss stört, sammelt sich hier. Vielleicht werden Sie diese Sätze an einer anderen Stelle wieder einfügen oder für einen weiteren Beitrag, ein nächstes Buch verwenden. Dieser Zwischenschritt gibt Ihnen das gute Gefühl, dass erst einmal nichts verloren ist. Statt des virtuellen Papierkorbs haben Sie den Sammelordner für kluge Gedanken gewählt.

Wenden wir uns nun den fünf wichtigsten Feinschliff-Schritten zu:

1. Der allgemeine Eindruck
In dieser ersten Leserunde geht es um die Logik im Text und den Aufbau Ihrer Argumente. Sie wollen Ihren Leser auf den Seiten halten, ihn nicht durch Unstimmigkeiten verlieren.

- Bauen Sie Ihre Argumente nachvollziehbar auf oder nehmen Sie Antworten vorweg? Fehlen Erklärungen, gibt es Redundanzen?
- Sind die Argumente mit Beispielen versehen, mit Quellen belegt? Bieten Sie genügend Raum, damit der Leser eigene Gedanken entwickeln kann?
- Achten Sie darauf, wo der Leser am Anfang steht und wo Sie ihn hinführen wollen. Welche Einsichten wird er am Ende des Textes erlangt haben?

2. Der strukturelle Aufbau
Sie haben mit Kapitelmustern gearbeitet, um dem Leser Abwechslung zu bieten. Gemeinsam mit Ihrer Schreibstimme entsteht der Kapitelcharakter.

- Fügen sich die Strukturelemente aus Abstract, Storytelling, Reflexion, Analyse, Beispielen, Merksätzen und Nutzwert elegant ineinander?
- Sind die Übergänge zwischen den Absätzen flüssig, die Zwischenüberschriften in einem Duktus gewählt?
- Vereinfacht die Seitenaufteilung die Leserführung?

3. Einsatz von Stilmitteln

Stilmittel geben Ihrem Text eine eigenwillige und lebhafte Note, wenn sie sparsam gestreut werden. Für Sachbücher eignen sich:

* Alliterationen: Worte, die mit gleichem Buchstaben beginnen – *veni, vedi, vici.*
* Antithesen: Verwendung gegensätzlicher Begriffe – *Schreiben bedeutet Entspannung. Nach fünf Minuten krampft die Hand.*
* Ellipsen: Verwendung von Satzfragmenten – *Nicht reden. Tun.*
* Hyperbeln: starke Übertreibungen – *Und wenn ich die ganze Welt mit diesem Satz gegen mich aufbringe, ...*
* Inversionen: Ändern der üblichen Wortfolge – *Vom Gegenteil überzeugen will ich Sie.*
* Klimax: Ansteigende Bedeutung – *ich stutzte, zitterte und flüchtete.*
* Refrain: Wiederholung von Sätzen oder Satzfragmenten – *Denken Sie an die Zukunft.*
* Rhetorische Fragen: Zustimmung und Antwort voraussetzen – *Wollen Sie das wirklich?*
* Verzichten Sie auf die Stilmittel Ironie und Lautmalerei, denn die Wirkung entfaltet sich beim Leser häufig nicht.
* Reden Sie Klartext, statt mit Euphemismen unangenehme Aussagen schönzufärben.
* Vermeiden Sie Hypotaxen, also die Verschachtelung von Nebensätzen.

▶ **Tipp** Der vielleicht wirksamste Tipp lautet: Beeindrucken Sie mit Ihrem Wortschatz. Über nahezu 500.000 Wörter verfügen Sie, zumeist jedoch in passiver Weise. Kramen Sie diese hervor. Ein wahres Schatzkästchen öffnet sich mit dem Wörterbuch der Brüder Jakob und Wilhelm Grimm www.woerterbuchnetz.de/DWB. Zu stöbern lohnt sich: Das eine oder andere längst vergessen geglaubte Wort kann Ihren Text ungemein bereichern.

4. Texttempo ändern

Ein Tempowechsel bringt Leben ins Spiel. Erinnern Sie sich an den Spannungsbogen, der steigt und fällt und steigt.

* Texte ohne Absätze muten an wie Wortsümpfe. Der Leser sieht hin – und versackt.
* Vermeiden Sie einen langweiligen, unschönen Stil wie Passiv- und Partizipialkonstruktionen, Substantivierungen, Schachtel- oder Stakkatosätze, Fachausdrücke und Wörter, die negative Gefühle wachrufen.

Also nicht: Das Manuskript ist lektoriert worden.
Besser: Geschafft! Der Lektor hat mein Skript gesehen, bearbeitet und für gut befunden.
Nicht: Ich stelle Ihnen am Ende des Beitrags Links und weiterführende Adressen zur Verfügung.
Besser: Sie finden Links und hilfreiche Adressen am Ende des Kapitels.
Nicht: Die Rezension meines Buches dechiffrierend, überrascht mich die fehlende prononcierte Exegese des Kritikers.
Besser: Diese Rezension überrascht mich. Der Kritiker versäumt einen differenzierten Blick auf den Text.

- *Kürzen, kürzen, kürzen* – das ist die Zauberformel für Spannung.
  Welche Sätze, welcher Absatz bringen die Handlung nicht voran? Oder: Welche Sätze, welcher Absatz nehmen die These vorweg, dämpfen den Lesefluss oder erinnern an zuvor Geschriebenes? Bauen Sie um. Streichen Sie großzügig Floskeln wie: auch, tatsächlich, überhaupt, dann, nur, übrigens, also etc. Achten Sie darauf, dass Querverweise, Vorverweise oder Rückverweise den Textfluss nicht in zu hoher Anzahl stören. Es kann ein Hilfsmittel sein, diese mit einer Fußnote zu versehen und am Seiten- oder Kapitelende zu bündeln.
  Sie beschleunigen oder verlangsamen Ihren Text durch nicht alltägliche Verben. Ersetzen Sie Allerweltsverben durch überraschende und vor allem: Wählen Sie die **Aktivform**. Eine Liste der regelmäßigen und unregelmäßigen Verben samt Konjugation finden Sie unter: https://de.wiktionary.org/wiki/Kategorie:Verbkonjugation_(Deutsch).

Kurze Sätze machen Tempo, lange Sätze verlangsamen. Aus einem Mix entsteht ein Wechsel aus laut und leise, anstrengen und entspannen.

5. Farbe dosieren
Adjektive können einen Text färben oder überladen. Ein konsequenter Schritt ist, jedes einzelne zu streichen und sie während des lauten Lesens sparsam wieder einzufügen. Sie werden staunen, dass rund drei Viertel verschwinden – ohne Lücken zu hinterlassen. Streichen Sie ebenso Wörter, die weder der Stimmung noch der Handlung dienen. Fragen Sie sich, welche Assoziationen Ihre Wortwahl beim Leser hervorruft. Halten Sie eine Balance aus Abstand und Nähe. Sie schreiben keine Memoiren, sondern ein Sachbuch. Zuviel der Ich-Stimme wirkt unsympathisch.
Setzen Sie nun den Schlusspunkt. Das Kapitel ist rund. So gilt neben allen Überarbeitungsbemühungen auch die Warnung: Redigieren Sie den Text nicht platt.

4.5   Von Zeitfressern und Schreibblockaden

Kennen Sie diese Situation? Sie betreten morgens Ihr Büro, gut gelaunt und fest entschlossen, sich durch den Vormittag zu schreiben. Sie ahnen, dieser Tag wird gut. Voller Schaffensfreude fahren Sie den Computer hoch, schlagen die Kapitelgliederung auf, fokussieren Ihre Gedanken auf den Einstieg. Spontan tippen Sie die Schlüsselwörter in das geöffnete Dokument und sofort scheinen sich Schreibschleusen zu öffnen. Da klingelt das Telefon. Immer noch guter Laune greifen Sie zum Hörer. Ihr Steuerberater. Die Unterlagen zum Quartal seien unvollständig, so die Stimme am anderen Ende der Leitung. Sie versprechen, sofort die fehlenden Dokumente zu suchen, zu scannen, zu senden. Die Unterbrechung währt eine halbe Stunde. Als Sie sich wieder Ihrem Manuskript zuwenden, passiert eines: nichts. Sie warten auf einen erneuten Schreibimpuls, auf eine Assoziation, aber Ihre Gedanken flattern. Also verlassen Sie den Raum, brühen sich einen Kaffee auf – und ärgern sich. Mittlerweile ist eine weitere Stunde vergangen. Schlecht gelaunt öffnen Sie den E-Mail-Account, glauben, dass Sie sich nur ein wenig ablenken müssen, um sich dann umso kraftvoller zu sammeln. Aber mit dem Lesen der E-Mails aktivieren Sie andere Bahnen im Gehirn, beschäftigen sich mit weiteren Vorgängen. Mittlerweile verspüren Sie Hunger. Die Uhr schlägt zwölf. Sie seufzen und denken tatsächlich, dass Sie am Nachmittag diese Stunden wieder auffangen werden, aber tief in Ihnen regt sich ein vages Gefühl: Die Begeisterung der ersten Minuten am Vormittag lässt sich nicht mehr zurückholen.

Das 15-min-Risiko

Telefongespräche, E-Mails, SMS, Surfen im Internet, Hören der Nachrichten, Blättern in Zeitungen, all das sind gefährliche Störer während des Schreibens. Schreibforscher sagen, dass jede Unterbrechung 15 min Zeit kostet, um wieder in einen Workflow zurückzukehren. Aber ich finde: Diese Aussage ist geschönt. Denn die Realität sieht dramatischer aus, weil ein ständiges kurzes Unterbrechen die Konzentrationsfähigkeit schwächt, weil Sie einem tiefen Eintauchen in Ihr Thema zuwiderhandeln. Sie erreichen durch Nachlässigkeit oder gar durch Multitasking nur eines: Ein Arbeiten in einem Stakkato-Rhythmus. Dann schaltet Ihr Gehirn auf das Denken in kleinste Einheiten um und auf Dauer verliert es die Fähigkeit, sich über lange Strecken auf ein Thema zu fokussieren. Schlimmer noch: ständiges Unterbrechen beeinflusst die Achtsamkeit, die Selbstwahrnehmung in negativer Weise. „Ist es denkbar, dass unser Gehirn allein durch die andauernde Konzentration auf einen einzelnen Moment, auf einen bestimmten inneren Bewusstseinszustand, irgendwie profitieren könnte?" fragt Britta Hölzel als Mitautorin in dem Buch *Gehirntraining,* das Frank Schirrmacher herausgegeben hat (2010, S. 47) [8], und erläutert die Auswirkungen der Konzentration auf Körper und Geist, weist auf die Wirkung einer Achtsamkeitsmeditation hin, der sich Gehirnforscher widmen. „Die Ergebnisse dieser Studien untermauern die Feststellung, dass das mentale Training zu Verbesserungen kognitiver Funktionen führt und mit Veränderungen in der Architektur bestimmter Hirnareale einhergeht". (Ebd., S. 49). Was liegt näher als die Annahme, dass ständiges Unterbrechen einer konzentrierten Arbeit ebensolche Veränderungen im Gehirn hervorruft? Sie verlieren die Nähe zu Ihrem Schreibprojekt. Sie beeinträchtigen den Workflow, wenn Sie nicht für Stille beim Schreiben sorgen.

Im Alltag sind wir es gewohnt, die Vielzahl der Informationen in Sekundenschnelle nach Relevanz einzuordnen. Das sichert unser Überleben. Das beschert uns Flexibilität. Aber eine Überreizung auf Dauer, ein Vernachlässigen der stillen Ressourcen gefährden Ihr Schreibprojekt. „Manchen wird es überraschen, dass es einen klaren Zusammenhang zwischen Stress und Selbstkontrolle gibt", fasst Manfred Spitzer (2012, S. 246) [9] zusammen. Und genau hier liegt die Dramatik einer stetigen Unterbrechung: Irgendwann baut sich der Zeit- und Arbeitsdruck derartig hoch auf, dass die Nerven blank liegen. Der Elan wird täglich ein wenig mehr schwinden, die Kondition wird nicht reichen und niemand muss ein Hellseher sein, um zu warnen: Multitasking während der Manuskriptphase ist der sicherste Weg in die Schreibblockade. Dieses Schreckgespenst kommt schleichend. Es frisst erst die Lust und dann die Formulierungskunst.

Rezepte gegen die Blockade sind:

Eliminieren Sie Störer und Zeitfresser Indem Sie konsequent für Stille sorgen, verändern Sie Ihre innere Haltung zum Schreiben enorm. Sie geben dieser Tätigkeit einen besonderen Wert. Das werden auch die Menschen um Sie herum akzeptieren.

Sorgen Sie für eine ruhige, angenehme Atmosphäre Wenn Sie Musik inspirierend finden, dann achten Sie darauf, dass sie aus dem Hintergrund klingt. Geräusche, die während des Schreibens von vorne auf Sie einströmen, erhalten im Unbewussten einen Problem- und Aufmerksamkeitscharakter.

Fühlen Sie sich wohl Ein Blumenstrauß, ein angenehmer Duft, gute Lichtverhältnisse, was immer Ihre Seele streichelt, wird zum Textgelingen beitragen.

Achten Sie auf Ihre Leistungskurve Planen Sie Schreibphasen fest in Ihren Tagesablauf ein. Ob das vormittags oder nachmittags sein wird, spielt für das Ergebnis keine Rolle, lediglich die Effizienz zählt – und die Summe der täglichen Stunden am Schreibtisch.

Zelebrieren Sie Pausenzeiten Nach 45 min Konzentration sollten 15 min Pause folgen. Wie im Sport folgt einer Anspannung die Entspannung, um leistungsfähig zu bleiben. Sonst übersäuern die Muskeln – und die Gedanken ebenso. Und das birgt Gefahren: Die Schreibstimme verändert sich, der Text wird zu seicht, der Schreibfluss stoppt.

Lernen Sie, Zweifel anzunehmen und loszulassen Im letzten Drittel der Textphase schleichen sich oftmals Zweifel ein. Nahezu jeder Autor fragt sich, ob sein Werk genügend Substanz aufweist. Die Angst vor negativer Kritik wallt plötzlich hoch, ähnlich wie eine Hitzewelle schlängelt sie sich vom Bauch in den Kopf. Nehmen Sie diese Zweifel ernst. Ein Verdrängen würde sie weiterzündeln lassen. Besser ist es, das Problem vor sich abzulegen und es von allen Seiten zu betrachten. Oft gibt ein vages Gefühl tatsächlich einen Hinweis auf eine unvollständige Recherche, eine unglückliche Formulierung, ein unpassendes Storytelling. Deshalb sollten Sie sich einen Testleser suchen und um ein ehrliches und wertschätzendes Feedback bitten. Mit hoher Sicherheit werden Sie lobende, aufmunternde, bewundernde Worte hören und die werden Balsam für Ihre Seele sein. Die werden Sie beflügeln, die letzte Etappe durchzuhalten.

Eine Schreibblockade kommt nicht über Nacht. Sie deutet sich an durch Unlust und Nervosität. Sie können viel zu einem guten Arbeitsfluss beitragen, wenn Sie Zeitfresser und Störer vermeiden. Und wenn die Blockade es doch schafft, sich auf tückische Weise einzuschleichen, gibt es ein wirksames Gegenmittel: Pause machen. Jedem Schreiber geht mal die Puste aus. Wichtig bleibt, diesen Zustand wahrzunehmen. Wer sich bewusst für eine Unterbrechung entscheidet, der empfindet keinen Druck, sondern eine freiwillige Distanz – und die kann Wunder wirken. Klappen Sie die Ordner für einen Tag zu. Lassen Sie es sich gut gehen in dieser begrenzten Auszeit.

Literatur

1. Scheuermann, Ulrike: *Die Schreibfitnessmappe.* 2010. Linde, Wien
2. Wood, James: *Die Kunst des Erzählens.* 2011. Rowohlt, Reinbek bei Hamburg
3. Rico, Gabriele L.: *Garantiert schreiben lernen.* 1984. Rowohlt, Reinbek bei Hamburg
4. Goethe, Johann Wolfgang von: *Die Wahlverwandtschaften.* 2008. Patmos, Düsseldorf.

5. Clark, Roy Peter: *Die 50 Werkzeuge für gutes Schreiben*. 2009. Autorenhaus, Berlin
6. Tolstoi, Leo: *Anna Karenina*. 2006. Insel Taschenbuch, Frankfurt am Main am Main.
7. Stein, Sol: *Über das Schreiben*. 1999. Zweitausendeins, Frankfurt.
8. Schirrmacher, Frank: *Gehirntraining*, 2010, Blessing, München
9. Spitzer, Manfred: *Digitale Demenz*. *2012*. Droemer, München.

Instrumente der Buch-PR 5

Erfolg ist kein Zufall. Im Gegenteil. Er lässt sich bis zu einem hohen Prozentsatz planen und pushen. Die Instrumente sind kein Geheimnis. Lautete meine Empfehlung, bis zur Manuskriptabgabe über Ihr Buch zu schweigen, so betone ich ab jetzt: Reden und schreiben Sie über Ihr Buch. Drehen Sie ab sofort die Lautstärke Ihrer Kommunikation in steigender Intensität hoch. Beginnen Sie langsam und leise und setzen Sie an zu einem Trommelwirbel am Erscheinungstag des Buches.

Auf der letzten Seite Ihres Exposés haben Sie dem Verlag unter der Überschrift *Buch-PR* ein Versprechen gegeben. Sie haben sich Aktionen überlegt und Engagement zugesagt. Jetzt ist der Zeitpunkt, um Wort zu halten und jede einzelne Maßnahme zu einem klug gewählten Zeitpunkt umzusetzen. Die ganze Sache ist höchst anstrengend und das Ergebnis offen, deshalb nehmen Sie eine stoischen Haltung an: Sie ertragen Nichtachtung und Kritik und arbeiten weiter auf einer Insel der Hoffnung. Mithilfe des viralen Effektes sind so einige Erfolgsmärchen entstanden. Denken Sie an Timothy Ferriss, der sein Buch erst einmal ohne Verlag durch die Kanäle jagte. Später dann hat er sich nonchalant für einen Verlag entschieden. Seine Strategie der *4-h-Woche* [1] wurde in 26 Sprachen übersetzt. Die Medien folgten ihm. Kaum ein Manager-, Karriere- oder Lifestyle-Magazin traut sich, ihn zu übersehen.

Legen Sie Ihre PR-Arbeit breit, sehr breit an. Exklusivitätsdenken bringt Sie nicht weiter. Als Autor eines Manager-Buches streben Sie zwar ein Interview in den seriösen Magazinen an, aber nicht immer finden Sie offene Redaktionstüren vor, wenn Ihnen ein gewisser Grad an Bekanntheit fehlt. Deshalb hat für mich eine gute Buch-PR drei Aspekte:

- Die Positionierung als Autor und Experte durch kontinuierliche Beiträge in Blogs und Fachmagazinen Ihrer Branche.

© Springer Fachmedien Wiesbaden GmbH, ein Teil von Springer Nature 2021
G. Borgmann, *Vom Exposé zum Bucherfolg,*
https://doi.org/10.1007/978-3-658-35049-9_5

- Die Pressearbeit und Werbung für Ihr Buch.
- Sichtbar wachsende Kompetenz auf Ihrem Themengebiet.

Sie wollen Leser, und zwar viele, also schütten Sie Ihre Informationen mit der Gießkanne über die Medienlandschaft. Seien Sie sich nicht zu schade, auch in der Lokalredaktion Ihrer Zeitung vor Ort anzuklopfen. Diese Demut ist für Erstautoren eine kluge Strategie, solange der Beitrag informativ und wohlwollend klingt. Ein Interview in der Super-Illu bringt Ihnen unter Umständen keine Glaubwürdigkeit, sondern verpufft zwischen den bunten Klatschepisoden der C-Prominenz. Hingegen vergrößert jeder Twitter-Eintrag, jedes Like, jedes Lächeln im Netz die Empfehlungs- und Klickrate auf Ihrer Website. Buch-PR verlangt einen Einsatz für Machbares und ein Gefühl für Mögliches. Wenn Sie einen Tick schneller Ihre Kommentare posten als die Konkurrenz, wenn Sie aktuelle Entwicklungen kommentieren, dann fallen Sie über kurz oder lang auf. Dann klopfen vielleicht die großen Redaktionen an und Fragen nach Interviews, Statements, füllen mit Ihrem Buchthema die Spalte, weil Sie das Passende zur richtigen Zeit sagen. Die Betonung liegt jedoch auf *vielleicht*. Eine Garantie gibt es nicht, aber immerhin Chancen. Ob die vor Ihre Füße purzeln, das entscheiden ausschließlich die Leser.

▶   **Tipp** Bitten Sie eine prominente Persönlichkeit aus Medien, Politik, Gesellschaft um Lobesworte zu Ihrem Buch. Sinnvoll ist es, die Sätze vorzuformulieren, sodass Zeitmangel kein Absagegrund sein kann. Eine solche Stimme kann den Kaufimpuls erhöhen und Sie dürfen nach Autorisierung und Freigabe mit diesen Sätzen auf Ihrer Website oder bei Amazon werben.

Ein Blick auf die Bestsellerlisten kann mitunter gruseln. Da drängt sich die Frage auf, warum bisweilen platte Titel auf guten Plätzen landen? Einen Trost gibt es für alle, die sich die Augen reiben: Solche Inhalte sind von dünner Konsistenz. Sie verschwinden nach der ersten Auflage aus dem Bewusstsein und landen nicht in der Backlist der Verlage. Der Stoff für einen Longseller webt sich nun einmal reißfester als eine Anleitung zum Katzenjagen oder Besenkammerbeleuchten.

Wie aber gelangen Bücher auf die vorderen Plätze im Ranking? Das einzige Kriterium ist der – überdurchschnittliche – Verkauf. 500 Buchhandlungen legen den Warenabsatz offen. Konkret bedeutet das: Rund 30.000 Exemplare müssen über den Ladentisch geschoben werden, bis der Titel in den begehrten Listen auftaucht, die zum Beispiel *Der Spiegel* seit 1961 abbildet. Im vergangenen Jahr hat die Redaktion die Trennlinie zwischen Hardcover und Taschenbuch in den Kategorien Sachbuch und Belletristik geschärft: Taschenbücher erscheinen im Online-Bereich. E-Books, Schul- und Selfpublishing-Bücher werden im Ranking nicht berücksichtigt. Kochbücher sowie Ratgeber, die lediglich Bekanntes in eine neue Schritt-für-Schritt-Folge bringen, fallen heraus, weil sie keinen eigenen schöpferischen Wert darstellen, sondern lediglich als Modellage bekannter Fakten gelten. Schon alleine aus diesen Gründen wird ein Autor alle Ressourcen in und um sich nutzen, um seinem Thema neue Facetten hinzuzufügen, um etwas Eigenes zu schreiben.

Sobald Sie in einem Ranking platziert sind, richtet sich der Spot auf Ihr Buch. Medien werden aufmerksam und berichten. Leser hören hin und fragen nach. Buchhändler reagieren und ordern. Rezensenten posten. Von einer Stunde zur anderen kann Ihr Titel auf Platz eins in einer Amazon-Kategorie vorstoßen. Wunderbar. Jetzt wird der Online-Riese hellhörig und wirbt mit Mailing und Beliebtheitsliste. Und Ihr Verlag? Der freut sich auch. Es gibt kaum einen größeren Schub für die Buch PR als die Nominierung in diesen Bestsellerlisten. Was könnte sich ein Autor mehr wünschen als diese Kausalkette? Erfolg ist bis zu einer gewissen Grenze plan- und machbar, wenn die PR-Module ineinandergreifen.

▶ **Tipp** Wer über sein Buch schweigt, geht in der Flut der Neuerscheinungen unter. Sie haben als Autor mit einem Verlagsvertrag zwei Möglichkeiten: Entweder Sie leisten sich die Dienste einer PR-Agentur. Die kennt die Szene, verfügt über Kontakte. Bei einer Medienansprache über eine Agentur hört der Journalist eher hin. Vor allem aber erspart Ihnen ein Profi das Nachfassen. Für mich liegt hier der Vorteil: Wenn eine Agentur in Ihrem Namen ein Interview oder einen Artikel anbietet, dann verbrennt Ihr Name bei Ablehnung nicht. Oder Sie verzichten auf die PR-Agentur. Diese Alternative spart Geld, kostet aber Zeit und bedeutet: Sie erledigen in Abstimmung mit Ihrem Verlag die Eigen-PR und damit beginnen die Mühen des Weges.

5.1 Was der Verlag leistet und der Autor selbst bewegen kann

Um es gleich vorab zu sagen: Die Pressearbeit der Verlage reicht für Ihren Bucherfolg nicht aus. Das beste PR-Konzept mischt sich aus Zusammenarbeit, Abstimmung und wertschätzendem Miteinander zwischen Verlag und Autor. Stellen Sie sich vor, Sie legen mit Ihrem Lektor die möglichen Maßnahmen als Paket vor sich ab und blicken gemeinsam darauf. Ihrer beider Aufgabe ist es nun, eine Strategie zu entwerfen, die aus Standards und kreativen Ideen besteht. Für den Bereich Standard ist der Verlag zuständig – und Sie für die Kreativität. Vor wenigen Monaten erhielten Sie den Vertrag, weil Lektorat, Marketing und Vertrieb der Meinung waren, dass Ihre Publikationsidee, Autorenpersönlichkeit und PR-Aktionen sinnvoll ineinandergreifen würden. Seien Sie nun proaktiv.

Bedenken Sie die zahlreichen Veröffentlichungen in den Frühjahrs- und Herbstprogrammen, die Präsenz auf Messen und Fachtagungen, dann wird ansatzweise klar, wie wenig Zeit der Verlagspressestelle und dem Marketing für eine einzelne Buchbetreuung bleibt. Allerdings dürfen Sie sicher sein, sobald Ihr Verlag erkennt, dass Ihr Buch ein Bestseller werden könnte, hebt er das Tempo seiner PR-Arbeit an. Die Linie zieht sich bei 1000 verkauften Exemplaren im ersten Halbjahr. Diese magische Zahl zeigt immer Wirkung. Ist sie erreichbar? Wenn Ihr Buch wirklich gut recherchiert und geschrieben und die Zielgruppe groß genug ist, kann das möglich sein. Die Taktik lautet: Drei Monate schleichend Spuren legen und dann mit einem Urknall überraschen.

Zeitplan für PR-Aktivitäten

(Siehe Tab. 5.1)

5.2   Pressearbeit auf allen Kanälen

Ohne die Zustimmung der unabhängigen Journalisten bleibt Ihre PR in den Netzwerken der Social Media, in Blogs oder in bezahlten Formaten stecken. Dieses kleine Heben und Senken des Kopfes ist für Ihren Bucherfolg lebenswichtig, denn es löst in der Redaktion den Impuls zum Berichten aus. Wem es gelingt, sein Thema mit einem angenehmen Grundrauschen in den Medien zu lancieren, der erhält einen Qualitätsstempel für sein Buch und zudem ein nachhaltiges Instrument für sein Marketing: Clippings und Zitate. Sie müssen sich fortan nicht mehr selbst loben, das haben bereits Journalisten getan – und damit erhalten diese Worte ein Gewicht. Journalisten können Erfolgsmacher sein. Eine Zeitung mit 350.000 Lesern stellt eine ebenso hohe Erstkontaktmöglichkeit dar, die sich mit jedem weiteren Lesen durch Weiterreichen und Auslegen des Mediums potenziert. Wenn der Erstkontakt durch einen Zeitungsbeitrag entsteht, speichert sich diese Form als positiv und wertvoll ab und die Anziehungskraft Ihres Buches wächst erheblich.

Tab. 5.1 Zeitplan für PR-Aktivitäten

Zeitplan	PR-Aktivitäten des Verlages	PR-Aktivitäten des Autors
90 Tage vor dem Erscheinungstermin	**Verlagsprogramm und Novitätenliste** Der Verlag weist in seinem Katalog auf Ihr Buch hin. Je nach Erfolgsaussicht wählt er ein übergroßes Abbildungsformat, reserviert gar eine Seite für Cover, Klappentext, Testimonial und Schlagwörter. Das ist der erste Eyecatcher in der Branche	**Erster Hinweis auf Ihrer Website** Fragen Sie nach einem PDF Ihrer Buchankündigung im Programm. Es ist grafisch wie eine Anzeige gestaltet und eignet sich hervorragend für eine Darstellung auf Ihrer Website
30 Tage vor dem Erscheinungstermin	**Vorankündigung in Amazon** Ihr Verlag aktiviert diese Seite mit einer Vorbestellfunktion. Der Leser erkennt zudem: Cover Klappentext Erste Testimonials und Vorabpressestimmen	**Amazon-Autorenprofil** Veröffentlichen Sie Ihren Autoren-Text und Ihr Bild auf https://authorcentral.amazon.de Schreiben Sie in der 3. Person Singular, wer Sie sind, wo Sie leben, warum Sie Ihr Buch geschrieben haben, was Sie als Experten auszeichnet
21 Tage vor dem Erscheinungstermin	**Erste Pressemitteilung** Ziel dieser ersten Pressemitteilung ist es, auf den Erscheinungstermin hinzuweisen, Rezensionsexemplare anzubieten, Buchbesprechungen zu initiieren. Sie wird breit gestreut, und zwar an den thematisch passenden Standardpresseverteiler des Verlages: Tageszeitungen Zeitschriften Fachmagazinen Corporate Publishing Medien	**Posten in Social Media** Posten Sie ab jetzt zwei Mal wöchentlich in Xing, Facebook, Twitter & Co. kleine Ausschnitte aus dem Buch, um im Gedächtnis des Netzwerkes zu bleiben. Weisen Sie stets auf die Vorabbestellmöglichkeit auf Verlagswebsite und Amazon hin

(Fortsetzung)

Tab. 5.1 (Fortsetzung)

Zeitplan	PR-Aktivitäten des Verlages	PR-Aktivitäten des Autors
14 Tage vor dem Erscheinungstermin	**Schalten einer Anzeige** In einem Fachmagazin oder in einem Supplement wie Mental Leaps, www.men tal-leaps.de/images/pdf bucht Ihr Verlag eine Anzeige	**Buchrubrik auf der eigenen Website** Ihre Buchseite sollte online stehen oder Ihr Werk eine eigene Rubrik auf Ihrer Website erhalten. Um den Traffic zu erhöhen, bieten Sie regelmäßig Hinweise rund ums Thema, Leseproben, Stimmen zum Buch. Reden Sie darüber in Ihren Netzwerken
10 Tage vor dem Erscheinungstermin	**Presseverteiler überarbeiten** Ziel ist es, die Anzahl der Buchbesprechungen in die Höhe zu treiben, indem die Pressestelle bei Bestellern von Rezensionsexemplaren nachfragt: Wann wird berichtet? Sind weitere Informationen nötig? Eine Clipping-Mappe wird fortlaufend erstellt, ein Mediendienst mit der Suche nach Schlagwörtern beauftragt	**Verlags-Presseverteiler ergänzen** Welche eigenen Pressekontakte können Sie dem Verteiler hinzufügen? Welche Pressestellen in Verbänden, Unternehmen, Institutionen kennen Sie? In welchen Medien haben Sie bereits Fachbeiträge veröffentlicht? Ergänzen Sie den Standardverteiler des Verlags um Ihre Kontakte. Bedenken Sie: Der Verlag verantwortet in der Regel ein einziges Mailing zu Ihrem Buch. Dann stehen die Themen anderer Autoren auf der Agenda

(Fortsetzung)

Tab. 5.1 (Fortsetzung)

Zeitplan	PR-Aktivitäten des Verlages	PR-Aktivitäten des Autors
3 Tage vor dem Erscheinungstermin	**Entwurf der Pressemitteilung zur Bucherscheinung**	**Ergänzung oder Freigabe der Verlagspressemitteilung** **Countdown für Ihre Amazon-Aktion** Bitten Sie Ihre Unterstützer, Ihr Netzwerk, Ihre Freunde, Ihre Familie um den Kauf Ihres Buches bei Amazon zu einem festgelegte Zeitpunkt. Denken Sie daran: Sie wollen in dieser Stunde auf Platz 1 in Ihrer Kategorie landen
1 Tag vor dem Erscheinungstermin	**Pressemitteilung an großen Verteiler** Diese Pressemitteilung skizziert den Buchinhalt, nennt die These des Autors, bietet Auszüge und Zitate Wenn der Verlag bereits jetzt mit einem Bucherfolg rechnet, wird er vielleicht investieren und Text samt Cover über www.newsaktuell.de versenden. Das ist von Verlag zu Verlag unterschiedlich. Aber sicher ist eines: Damit landet beides als Tickermeldung auf den Redaktionsbildschirmen und wird auf www.presseportal.de abrufbar sein. Die Kosten liegen zwischen 150 € und 300 € je nach Umfang und Bildmaterial sowie Reichweite	**Anruf in den Lokalmedien** Weisen Sie auf Ihr Buch hin, bieten Sie ein Statement, ein Interview, einen Beitrag an. Melden Sie sich in Lokalredaktionen, suchen Sie einen aktuellen Aufhänger für das Gespräch, stellen Sie sich als Experte und Buchautor vor. Meist reagieren Lokalredakteure dankbar auf solche Initiativen

(Fortsetzung)

Tab. 5.1 (Fortsetzung)

Zeitplan	PR-Aktivitäten des Verlages	PR-Aktivitäten des Autors
Erscheinungstag		**Netzwerk erinnern, Kaufaktion starten, hoffen auf Platz 1** Kaufaktion läuft. Wenn Ihre Netzwerkpartner das Versprechen halten, können Sie mit einem Bücherkauf von rund 100 Exemplaren zu einem festgelegten Zeitpunkt in Ihrer Unterkategorie auf Platz eins landen. Posten Sie diesen Erfolg. Versenden Sie Screens des Erfolgs. Amazon wird mit diesem Ranking zusätzlich für Sie werben
Aktivitäten nach dem Erscheinungstermin		**Contentbeiträge verfassen** Bleiben Sie im Gespräch. Verfassen Sie Fachbeiträge zu Ihrem Thema. Schreiben Sie Blogbeiträge. Suchen Sie Plattformen, auf denen sich Ihre Zielgruppe versammelt, stellen Sie dort Ihr Buch vor, initiieren Sie eine Themenreihe, in der Sie einzelne Aspekte aufblättern. Aber Achtung: Die Nutzungsrechte an Ihrem Buch hält der Verlag. Auszüge dürfen Sie nicht ohne Erlaubnis veröffentlichen. Deshalb: Schreiben Sie über Ihr Thema, aber mit anderen Worten

(Fortsetzung)

Tab. 5.1 (Fortsetzung)

Zeitplan	PR-Aktivitäten des Verlages	PR-Aktivitäten des Autors
	Lesungen und Workshops in Buchhandlungen Verlage organisieren selten Veranstaltungen. Der Aufwand ist zu hoch. Dennoch kommt es vor, dass die klassische Lesung, ein Vortrag oder ein Workshop von Buchhandlungen angefragt werden. Zusätzlich kann es sich lohnen, die Lesebühnen Ihrer Stadt und Umgebung im Netz zu recherchieren. Sie bieten zumeist Sachbuchlesungen in schönem Ambiente an	**Eigene Pressemitteilungen online versenden** Neben den klassischen Redaktionen erreichen Sie Presseportale und Unternehmensplattformen mit einer Pressemitteilung, die Sie online versenden. Dienstleister wie PR-Gateway posten Ihren Text durch die Kanäle und geben Ihnen hilfreiche Tipps, um im Netz zu wirken. Suchen Sie sich einen Themenaspekt aus Ihrem Buch, stellen Sie den Nutzwert für den Leser in den Vordergrund, bilden Sie Ihr Buch mit den bibliografischen Daten und mit einem Bestelllink ab. Der Preis für eine Aktion beträgt rund 25 €
	Verlosungen und Rabattaktionen Besonders vor Feiertagen wie Weihnachten oder Ostern oder vor Ferienbeginn starten Zeitschriften und Bücherplattformen im Netz Verlosungs- oder besondere Rabattaktionen. Das ist eine preiswerte, aber beachtete PR und daher wird sich ein Verlag gerne daran beteiligen. Denn solche Aktionen werden in Newslettern, auf Websites und Mailinglisten angekündigt und mit einem Link auf das Buch versehen	**Reden vor Publikum** „Wo kein Außenauftritt, da keine Außenwirkung", beschwört die PR-Experten Daniela Puttenat (2012, S. 4) [2] ihre Leser und sie hat recht. Nutzen Sie Messen, Branchentreffen, Fachrunden, Vereine, Clubs, Diskussionsrunden oder Unternehmensfeiern, um sich zu zeigen und einen kompetenten Eindruck zu hinterlassen, um für Ihr Buch zu werben. Am Anfang werden Sie selbst bei den Verantwortlichen nachfragen. Das ist das Los von Erstautoren. Aber spätestens mit dem zweiten Buch läuft die Fahrt umgekehrt, dann rufen Veranstalter und Journalisten bei Ihnen an, weil Ihr Expertenstatus mit jeder Publikation wächst

Die Suche nach der Story

Buch-PR ist Schweißarbeit, besonders, wenn ein Autor sie selbst initiiert. Ich möchte Sie dennoch dazu ermutigen. Zum einen stellt es eine lehrreiche Erfahrung dar, von der Sie für Ihre weitere Medienarbeit profitieren werden, zum anderen lernen Sie die Medienlandschaft kennen, bauen Presseverteiler und Kontakte auf. Pressearbeit besteht häufig aus vielen kleinen, leisen Schritten, aus Geduld und Resilienz. Absagen bedeuten keinesfalls, dass Ihr Thema für die Medien uninteressant ist. Es kann vielmehr ein Hinweis sein, an anderer Stelle nachzufragen oder den Themenaspekt zu verändern.

Welchen Weg Sie wählen, wird von Ihrem Budget aus Geld und Zeit abhängen, von Ihrer Bereitschaft, sich in das weite Feld der Pressearbeit vorzuwagen. Wenn Sie Journalisten als Mittler zur Öffentlichkeit betrachten, werden Sie die ersten Berührungsängste verlieren. Und wenn Sie sich weiterhin den Redaktionsalltag vor Augen führen, werden Sie die Auswahlkriterien verstehen: Nach der Definition des Deutschen Journalistenverbandes sind in Deutschland rund 45.000 festangestellte und 40.000 freie Journalisten „hauptberuflich an der Verbreitung und Veröffentlichung von Information, Meinungen und Unterlagen durch Massenmedien" beteiligt. [3] Sie teilen die Landschaft in Printmedien, Publikums- und Fachmagazine, Rundfunk und TV, Nachrichtenagenturen, freie Redaktionsbüros und Online-Medien. Sie alle sind auf der Suche nach einer Story, nach Themen, die ihre Leser fesseln, begeistern, die Neues aufblättern und Altes aus einer überraschenden Ecke beleuchten. Kurzum: Sie haben ein feines Gespür für Stimmungen in der Gesellschaft, erfassen Entwicklungen lange bevor sie bei den Menschen angekommen sind.

Des Journalisten Tätigkeit besteht aus Recherchieren, Nachspüren, Berichten und manchmal eben auch aus Bewerten. Diese Suche nach Themen ist für Sie als Autor eine Gelegenheit, sich ins Gespräch zu bringen. Welches Reizwort könnte sich eignen? Welche Botschaft könnte prickelnd sein? Welche Story zum Buch könnte bestechend wirken? Guido Maria Kretschmer verbindet mit der Mode die Selbstliebe und Selbstwertschätzung der Frau – unabhängig von Figur und Form. Das brachte ihm mit seinem Buch *Anziehungskraft* [4] über Monate Platz eins in diversen Rankings.

Die Basics: Presseverteiler und Pressemitteilung

Im Prinzip geht es nur um das eine: Die richtige Redaktion zum richtigen Zeitpunkt in der richtigen Tonalität anzusprechen. Ob dieser Dreisatz greift, hat wenig mit Glück zu tun, sondern mit einer Kenntnis der Medienlandschaft sowie einer kontinuierlichen Kontaktpflege. Diese Disziplinen zu beherrschen ist eine Kunst der PR-Agenturen. Zieht man deren Vorhang der Versprechungen ein wenig auf, dann erkennt der Betrachter das wertvollste Instrument: den Presseverteiler. Ohne ihn würde die Pressearbeit zum Flickenteppich aus spontanen Einfällen, eine tragfähige Strategie wäre nicht möglich. Beginnen Sie also frühzeitig, Adressen zu sammeln, zu bewerten und nach den Arten der Medien – Rundfunk, TV, Print und Online – zu sortieren. Unterkategorien bilden die Aspekte aus überregional, regional und lokal. Ergänzen Sie diese Informationen um den Namen des Journalisten, des Ressorts, der URL zur Medienwebsite sowie die Kontaktdaten aus Anschrift, Telefon, Fax und E-Mail. Mein eigener Presseverteiler weist zudem eine Spalte auf, in die ich Notizen nach dem Gespräch, Termine und Vereinbarungen eintrage.

Es gibt zwei probate Wege zu Ihrem Presseverteiler

* Fragen Sie unverblümt den Pressereferenten im Verlag, ob er Ihnen die Redaktionsanschriften übermittelt. Zum Termin Ihrer Buchveröffentlichung sendet er eine Information an relevante Medien, bietet Rezensionsexemplare an, vermerkt akribisch, welcher Journalist sich für Ihr Buch interessiert. Diese Liste ist für Ihre eigene PR Gold wert. Sie können diese mit einer weiteren, einer eigenen Pressemitteilung bedienen und eventuell einige Zeit später telefonisch nachfassen, ob das bestellte Rezensionsexemplar gelesen wurde und gefallen hat. Während der Themenbesprechungen am späten Vormittag und am frühen Nachmittag sind Journalisten nicht zu erreichen. Generell sollten Sie bedenken: Die Wahrscheinlichkeit auf Veröffentlichung steigt, wenn der Beitrag sich in den Erscheinungsrhythmus einfügt. Der Vorlauf bei einer Tageszeitung beträgt mindestens einen Tag, bei Magazinen bis zu 12 Wochen.
* Die Alternative ist die Eigenrecherche. Sie ist aufwendig, aber lohnend. Datenbanken wie www.zeitungen.de und www.zeitschriften.de sind eine erquickliche Quelle, weil sie nach Schlagwörtern suchen, die Medienseiten aufrufen und über das Impressum die verantwortlichen Redakteure samt E-Mail-Kontakten erhalten. Unter http://de.wikipedia.org/ wiki/Liste_deutscher_Zeitungen finden Sie Links zu entsprechenden Medienwebsites. Kostenpflichtige Datenbanken und Medienverteiler bieten u. a. Zimpel oder Stamm an.
* Wählen Sie genau aus, für welche Redaktion Ihre Botschaft relevant sein kann, wo Sie die Leser finden, die Sie sich wünschen. Dann wächst die Chance auf Berichterstattung. Ob Sie nach einer Woche nachfassen sollten, bleibt Geschmackssache. Meine Empfehlung lautet: Suchen Sie in einem kurzen Telefongespräch den Kontakt. Aber akzeptieren Sie sofort ein Nein, ohne Diskussion. Mit einem freundlichen Abschied halten Sie sich die Tür für das nächste Mal offen.

Schreiben im journalistischen Stil

Bis zu 1400 Meldungen landen täglich auf den Redaktionsbildschirmen und auf den Schreibtischen. Aus dieser Info-Schwemme wählt der Journalist mit Argusblick und jeweils binnen drei Sekunden, was für seine Leser, Zuschauer bzw. Zuhörer relevant ist. In dieser Zeitspanne, kaum länger als ein Wimpernschlag, scannt er die Headline, überfliegt den Teaser. Deshalb sollten Sie in diese vier, fünf Zeilen Ihr gesamtes Know-how um Aussage und Wirkung legen. Passen Sie sich diesen Kriterien in Schreibstil und Struktur an, bauen Sie Ihre Pressemitteilung als Pyramide auf, wenn Sie der PR-Info des Verlages eine weitere Pressemitteilung hinzufügen möchten.

Der Aufbau Ihrer Pressemitteilung

- Die Spitze bildet die Überschriftenebene mit Dachzeile, Headline, Subline: Finden Sie griffige Formulierungen für Ihre Botschaft. Außerdem zählen Datum und Nummer der Mitteilung zu diesen ersten Angaben.
- Darunter bildet sich der Teaser ab. Was im Buch das Abstract darstellt, ist in der Pressemitteilung der Teaser. In diesen rund fünf Zeilen erkennt der Journalist den Inhalt und die Intention des Textes, weil Sie die W-Fragen beantworten: Was ist Ihre Botschaft? Warum schreiben Sie darüber? Wann wird das Thema relevant? Wo findet es Widerhall? Wie bereiten Sie Ihr Thema auf? Welche Motive leiten Sie? Dann sind die berühmten drei Sekunden vorbei. Bis hierher hat sich entschieden, ob Ihr Text die nächste Hürde der Aufmerksamkeit schafft oder schlichtweg im Papierkorb landet.
- Fügen Sie im nächsten Absatz sofort Ihre Lösung, Ihre Begründung, Ihre Rechtfertigung an. Es geht um Fakten, nicht um Spannung. Eine Pressemitteilung liefert Information nach der News-Regel Nummer eins: Das Wichtigste zuerst.
- Fassen Sie Ihre Botschaft und Interpretation in einem nächsten Absatz noch einmal zusammen. Was in einem Buch zum Gähnen langweilt, nämlich ein Fazit am Kapitelende, ist in einer Pressemitteilung eine Pflichtübung. Wiederholung ist erwünscht. Denn im Zweifel kürzt der Journalist Ihren Text von unten nach oben.

Am Ende steht Ihr Kurzprofil. Es umfasst wenige Sätze zu Person, Beruf und den bibliografischen Angaben zum Buch. Es nennt Kontaktadressen und den Hinweis, dass Pressematerial wie Buchcover, Vita und Fotos (in einer Auflösung von mindestens 320 dpi und mit Nutzungsrecht) als Download auf der Website vorhanden sind.

Pressearbeit ist Vertrauenssache

Zwischen Ihnen und dem Journalisten steigt das Vertrauen, wenn Termine und Zusagen auf beiden Seiten zuverlässig eingehalten werden. Deshalb machen Sie keine übereifrigen Versprechen. Das Angebot eines Interviews suggeriert den Medien, dass Sie fähig sind, aus dem Stegreif zu antworten. Besser ist es, wenn Sie die Fragen vorher sehen und die Antworten vorformulieren können. Was könnte die Leser der Zeitung interessieren? Wo könnte der Journalist nachhaken? Welche Themen sind für Sie unangenehm, aber für die Medien interessant? Sollten Sie während eines Interviews zögern oder kein gutes Gefühl bei Ihrer Antwort haben, steigen Sie mit dem Hinweis aus, dass Sie die Antwort in wenigen Stunden nachreichen – und halten Sie diese Zusage unbedingt ein. Behalten Sie sich immer die finale Autorisierung Ihres Interviews vor, ehe es in Druck geht. Vorsicht bei einem Pressegespräch unter vier Augen in vertraulicher Atmosphäre, wenn Sie Hintergrundwissen für die Einordnung der Themen liefern wollen. Das ist generell in Ordnung und üblich, aber hier sollten Sie konsequent im Sinne des Ehrenkodexes des Deutschen Presserates Ihren Schutz und die Verschwiegenheit des Journalisten einfordern. Sagen Sie deutlich: „Diese Antwort gebe ich Ihnen unter 3." Dann weiß der Journalist, er darf weder Inhalt noch Quelle verwenden. Er muss schweigen. Oder: „Diese Antwort gebe ich Ihnen unter 2." Das bedeutet, dass die Inhalte veröffentlicht werden dürfen, aber die Quelle bleibt geheim. Alles Weitere läuft unter 1: Was Sie sagen, darf verarbeitet, interpretiert und die Quelle genannt werden.

5.3 Digitale Buchwelten und Plattformen als Erfolgstreiber

Mag ein Beitrag in *Fokus, Zeit, Spiegel* & Co. sich für Autoren wie ein Ritterschlag anfühlen, so bleibt allen nicht beachteten oder zurückgewiesenen Autoren ein Weg jenseits der klassischen Medien offen. Online-PR für Bücher entwickelt sich zu einem probaten Weg für Sichtbarkeit. Denn was am Redaktionsschreibtisch ignoriert wird, kann auf Plattformen und in Portalen, in Dokumenten- und Social-Media-Netzwerken durchaus beachtet werden.

Online-Mitteilungen

Online-Mitteilungen zu Büchern haben sich in den vergangenen Jahren zu einem effizienten Instrument entwickelt. Und so schmälert diese Art der Öffentlichkeitsarbeit ein wenig die Macht der Medien, betont die Unabhängigkeit der Autoren. Sie sollten diese PR-Möglichkeiten nutzen, denn es ist kein Geheimnis: Leserwünsche und -bedürfnisse lassen sich kreieren. Untersuchungen zeigen, dass ein Kunde im Durchschnitt sieben Mal mit Produkt und Thema in Kontakt kommen muss, bis er sich zum Kauf entscheidet.

Betrachten wir die Pressearbeit im Netz ausführlicher: Diese soll sich mit den Suchmaschinen verknüpfen. Es geht an erster Stelle um Auffindbarkeit im Datendschungel und erst an zweiter um Ihre Schreibkunst. Denn die schönsten Sätze versickern im World Wide Web, wenn sie nicht in den richtigen Kategorien landen oder durch Links vernetzt werden.

Der Spannungsbogen einer Online-Mitteilung beginnt mit den Keywords in der Headline, die sich im Text wiederholen. Er zieht sich über den Lesernutzwert und endet mit einem Landinglink auf dem Buch-Bestellformular Ihres Verlages, Ihrer Website oder Ihrer Buchseite bei Amazon. Machen Sie dem User das Bestellen leicht. Mehr als einen Klick wird er nicht akzeptieren. Dann steigt er aus. Dazu erklärt die Geschäftsführerin von PR-Gateway, Melanie Tamblé:

„Die optimale Online-Mitteilung besteht aus einer Überschrift mit ca. 60 Zeichen, einem Leadtext mit ca. 140 Zeichen. Der Haupttext besteht aus drei bis fünf Abschnitten mit Zwischenüberschriften sowie den vollständigen Kontaktinformationen zum Schluss". Tamblé betont weiter: „Ein bis drei Keywords prägen die Überschrift, und die sollten im Leadtext und im Haupttext maßvoll wiederholt werden. Und: Cover, Abbildungen, Fotos können mit einem kurzen Abstract als visuelle PR veröffentlicht werden und über Google & Co. auffindbar sein. Achten Sie auf Urheberrechte, Bildrechte, auf Vereinbarungen, die Sie mit Ihrem Verlag getroffen haben."

Amazon und andere Marktmächte

Verlage und Selfpublisher schätzen sie, Leser lieben sie und Autoren sind mitunter süchtig nach digitalen Buchwelten. So bieten die Plattformen der Holzbrinck-Gruppe – bücher.de oder lovleybooks.de – neue Konzepte, allen voran aber der Marktriese Amazon. Als Mittler zwischen Verlagen und Leser, als Begleiter der Autoren wächst dessen Portfolio von der Buchbestellung für Papierformate, von einem ausgereiften und vollständig in Technik und Logistik integrierten E-Reading bis hin zur einverleibten Buch-Community Goodreads. Die soziale

Vernetzung steht im Mittelpunkt eines wachsenden Marktes, der den Wunsch nach schneller Verfügbarkeit bedient. Plattformen wie Sobooks oder Readmills bieten Buchseiten einzeln zum Kaufen, Laden und Posten an, stellen Inhalte nahezu in Echtzeit zur Diskussion. Das mag ein Hinweis auf zukünftige Entwicklungen sein und Angewohnheiten zum Quer- und Kurzlesen einen neuen Schub geben. Wen wundert es da, wenn die Augen der Autoren glänzen bei der Frage: Kann ich den Verkauf in der digitalen Welt beeinflussen? Die Antwortet lautet: Indirekt.

Jeder Link, den Sie auf Pressemitteilungen, Websites, E-Mail-Signaturen, Contentbeiträgen oder Social-Media-Postings setzen, sollte auf Ihrer Amazon-Buchseite landen. Hier nämlich findet der potenzielle Kunde zahlreiche 5-Sterne-Rezensionen sowie Presse- und Prominentenstimmen. Je mehr Informationen diese Site bereichern, je mehr Schlagwörter aktuell sind, desto eher wird Ihr Buch gefunden. Wählen Sie also gängige Schlagworte und Suchbegriffe zu Ihrem Thema und vor allem die passende TOP-100-Kategorie. Ein Buch über Coaching im Business sollte sich in Kombination mit den Begriffen Führungskräfte, Strategie, Lösungen darstellen und unter den Kategorien Business und Karriere sowie Management zu finden sein. Sie können Ihren Verlag bitten, die Kategorie zu wechseln, wenn der Kampf allzu heftig tobt.

Das 100-Kategorien-Ranking stellt eine Verkaufs-Hitliste dar. Es spiegelt die Höhe der georderten Exemplare im jeweiligen Land, den Traffic zwischen den Bestellung. Lediglich ein Kundentipp auf einer Kundenlieblingsliste beeinflusst die Sichtbarkeit Ihres Titels oder das Initiieren einer Geschenkaktion im E-Book Bereich. Mit dem KDP-Select-Programm, mit einem Exklusiv-Vertrag für den eReader Kindle, erhalten Sie zusätzlichen virtuellen Regalplatz und dürfen an dem Ausleihmodus teilnehmen.

Amazon kann zu einem Zeiträuber erster Güte mutieren: Ich kenne Autoren, die linsen täglich viele Male auf ihre Buchseite, einzig um zu sehen, ob Sie irgendwo auf dem Verkaufsrang zwischen 1 und 100 wanken.

Sie raten, wie viele Bücher bei einer Gesamtplatzierung von 100.000 oder mehr wohl verkauft worden sind, versuchen Durchschnittswerte zu recherchieren. Als Faustregel gilt: Wenn Ihr Buch in Amazon mit einem Verkaufsrang belegt ist, dann wurde es mindestens einmal im Monat verkauft. Bei drei Büchern pro Tag liegen Sie nach meinen Recherchen ungefähr auf Rang 5000. Aber bitte bedenken Sie: Die Liste ändert sich in den oberen Bereichen nahezu stündlich und es hätte ein hohes Suchtpotenzial, würden Sie Ihre Buchposition in diesem Rhythmus kontrollieren. Rechnen Sie diese Zeit des Klickens, Sehens und Überlegens einmal zusammen. Bei einem dreifachen Besuch am Tag von rund drei Minuten sind das 21 min in der Woche. Rechnen Sie die jeweils 15 min hinzu, die Sie bei

einer Unterbrechung Ihrer Schreibarbeit benötigen, um wieder in einen Arbeitsfluss zu gelangen, so sind das weitere 105 min. Im Monat verbringen Sie mit also
mit der Kontrolle Ihres Rankings sage und schreibe 8,4 h Zeit. Nach allen Regeln
der Schreibkunst hätten Sie vier Buchseiten gliedern, texten und feinschleifen
können.

5.4   Wie Bibliotheken als Multiplikatoren wirken

Spätestens seit der Erfindung des Papiers und besonders des Buchdrucks durch
Johannes Gutenberg um 1450 veränderten Bücher die Epochen. Plötzlich ließen
sich Schriften vervielfältigen. Das Schreiben wurde zu einer Möglichkeit, Gedanken und Thesen zu verbreiten, Meinungsbildung zu fördern. Kein Abzeichnen
von Rollen war mehr nötig, um Lyrik, Prosa oder Abhandlungen jenseits von
Schreibräumen den Menschen zu präsentieren. Kultur hatte fortan ein Format,
das sich stellen und stapeln, ansehen und weiterreichen ließ. Mit dem Barock,
der mit einem ungemeinen Selbstverständnis und mit einem Streben nach Schön-
heit einherging, der die Klarheit der Renaissance in Verzierung und Sinnlichkeit
verwandelte, trat die Kunst des Schreibens und Lesens in den Vordergrund. Die
Bürger suchten danach, die Kluft zum Adel zu schmälern, orientierten sich an
dessen Lebensstil und -lust. So rückte neben der Musik auch das Buch in den Alltag vor. Neben Hofbibliotheken entstanden Bürgerbibliotheken, fanden Vorleser
Gehör. Lesen war en vogue und fortan achtete der Autor auf seinen Namenszug
auf dem Titelblatt. Auch die wachsende Verlagslandschaft wollte ihre Leistung
spiegeln. In der Bibliotheksgeschichte lesen wir:

> Waren es um 1710 rund 600 Neuerscheinungen auf Deutsch, so konnten um 1800
> bereits 3900 gedruckte Bücher gezählt werden, die nicht in lateinischer Sprache ver-
> fasst worden waren. Die Zahl der Autoren wuchs, wobei über 200 Verlage in über 150
> deutschen Städten für die Veröffentlichung und den Vertrieb sorgten. [5]

Tradition und Moderne

Der Gedanke, Schriften an Orten zu sammeln, lässt sich zurückverfolgen bis weit
vor Christi Geburt, als Tontafeln pfleglich sortiert, als Papyrusrollen gelagert und
zu Kultur erklärt wurden. Ein überliefertes Ansinnen von Caesar war es, die größte
Schriftensammlung der Welt zu besitzen, und so mag der heute gerne zitierte Satz
Wissen ist Macht auch ein Satz der Buchgeschichte sein. Heute dienen Bücher der
Lehre und Unterhaltung, bilden Fragen und Antworten, Facetten der Logik und der

Emotion ab. Sie bedeuten Nachhaltigkeit und Weitsicht und ohne sie würde sich die Welt nicht erklären lassen.

Um Bildung, Unterhaltung, Zerstreuung und Leselust zu fördern, öffnen Bibliotheken ihre Türen, werden sie unterhalten in Städten, Kommunen, in Instituten, Schulen und Universitäten. So wird eine Tradition der gesellschaftlichen Bereicherung fortgeführt und daraus ergeben sich für Autoren nachhaltige Multiplikationswege. „Es ist ein großer Unterschied, ob ich lese zu Genuß und Belebung oder zu Erkenntnis und Belehrung", stellte Johann Wolfgang von Goethe einst klar, und diese Vielfalt findet sich in den Regalen der öffentlichen Einrichtungen wieder.

Wie aber gelangt das Buch in die Bibliothek, am besten gar in den Schaukasten am Eingang oder empfohlen auf der Website als Buch der Woche? Bibliotheken sind die leisen Multiplikatoren und ich finde, dieser Weg der Buch-PR wird zu wenig genutzt. Es ist vorteilhaft zu wissen, wie die Bibliotheken in Deutschland arbeiten: Der Deutsche Bibliotheksverband vertritt die Interessen, fördert den Austausch. Für den Ausbau des Bestandes jedoch, für die Bestellung neuer Bücher, zeichnen die Bibliotheken selbst verantwortlich. Diese dezentrale Arbeitsweise eröffnet weitere Möglichkeiten der Buch-PR.

- Wählen Sie zunächst die Bibliotheken aus, die sich für Ihr Buch interessieren könnten. Unter https://www.bibliotheksstatistik.de/bibsFilter?ini=start finden Sie die Kontaktadressen samt Profil.
- Beachten Sie die Lektoratskooperation auf der Website des Deutschen Bibliotheksverbandes: http://www.bibliotheksverband.de/fachgruppen/kooperationen/lektoratskooperation.html: Fast 80 Lektoren filtern aus den Neuerscheinungen vielversprechende Sachbuchtitel aus und bewerten sie. Wenn Ihr Titel in der Auswahl erscheint, wächst die Chance, dass Bibliotheken aufmerksam werden. Deshalb bieten viele Verlage einen Waschzettel, eine Leseprobe oder auf Wunsch ein Rezensionsexemplar an.
- Zahlreiche, zumeist öffentliche Bibliotheken nehmen den Service der ekz in Reutlingen in Anspruch. Diese Schnittstelle ist ein hilfreicher Anker für die Buch-PR. Denn auch die ekz ist an der Lektoratskooperation beteiligt (www.ekz.de).
- Welcher Buchhändler beliefert die Bibliotheken in Ihrer Umgebung? Ich finde es sinnvoll, mit ihm ins Gespräch zu kommen, Ihr Buch vorzustellen und ihn von Ihrer Glaubwürdigkeit als Autor zu überzeugen. Seine Stimme hat Gewicht, auch für Selfpublisher.

Hat Ihr Verlag dafür gesorgt, dass Ihr E-Book in der so genannten Onleihe bestellbar ist? Die Bibliotheken wählen Titel aus und vereinbaren Lizenzen.

Die Geschäftsführerin des Deutschen Bibliotheksverbandes in Berlin, Barbara Schleihagen, resümiert:

Die Onleihe [6] ist die größte deutsche Ausleihplattform für digitale Medien, die in über 800 Öffentlichen Bibliotheken in Deutschland angeboten wird. Angemeldete Nutzer können über einen Online-Zugriff E-Medien ausleihen oder herunterladen und für einen bestimmten Zeitraum nutzen. Derzeit stehen bei der Onleihe ca. 120.000 Titel zur Verfügung. Auch das Portal Ciando [7] bietet insgesamt über 300.000 E-Book-Titel und über 1000 digitale Hörbücher für den Verleih an. Anfang 2014 waren es rund 100 öffentliche Bibliotheken, die das Portal nutzen.

▶ **Tipp** Nach meinen Erfahrungen sind die Verantwortlichen in Bibliotheken und Institutionen offen für Gespräche, oftmals dankbar für Tipps. Deshalb ergreifen Sie die Initiative und fragen nach, ob Sie eine E-Mail, einen Flyer oder eine Rezension zu Ihrem Buch zusenden dürfen – und fassen Sie nach zwei, drei Monaten nach. Wichtig bleibt, bei Sachbüchern die Relevanz Ihres Themas, die Qualität der Recherche und der Texte sowie die leserfreundliche Gestaltung in den Vordergrund zu stellen.

5.5   Gastbeitrag: Felix Beilharz über Social Media und Online-Marketing

Felix Beilharz ist Experte für Online-Marketing und Social Media Marketing. Er hat als Autor und Co-Autor vier Bücher und zahlreiche Buchbeiträge veröffentlicht, die sich meist monate- oder jahrelang in den Amazon-Bestsellerlisten hielten. Als Trainer und Berater hilft er Unternehmen, sich im Internet professionell zu positionieren und die Unternehmensziele zu erreichen. Darüber hinaus ist er Dozent an mehreren Hochschulen und wird regelmäßig von Medien wie RTL, Deutschland-Radio oder dem Handelsblatt angefragt. Im folgenden Fachbeitrag zeigt er, wie Online-PR für Bücher wirkt.

Muss man denn wirklich alles selbst machen? Leider ja. Für Autoren, die im Verlag publizieren, und für Selfpublisher gilt gleichermaßen: Wenn es um das Marketing geht, dann ist der Autor nicht nur der Schreiber, sondern auch der Verkäufer seines Buches. Im Online-Marketing steht Ihnen eine Vielzahl von Möglichkeiten offen, aus denen Sie die passenden auswählen können. Sie sind überwiegend kostengünstig, flexibel, zielgenau einsetzbar und der Erfolg ist messbar – also genau das Richtige für Ihr Buchmarketing. Der Aufwand hängt ab von Ihren Fähigkeiten und Vorkenntnissen, Ihren Zielen und dem Markt, in dem Sie sich bewegen. Ebenso sind folgende Fragen relevant: Wie viel Content ist bereits vorhanden und wie viel müssen Sie neu erstellen? Wie viel möchten Sie selbst erledigen und für welche Tätigkeiten möchten Sie externe Hilfe in Anspruch nehmen, wofür dann eben Kosten anfallen? Je nachdem, welche Strategie Sie einschlagen, sollten Sie vor der Buchveröffentlichung bereits

- *die Landingpage erstellt,*
- *ein E-Mail-Marketing-System eingerichtet,*
- *eine Facebook-Seite, XING-Gruppe, Twitter-Account etc. eingerichtet,*
- *relevante Blogs, Pressekontakte und sonstige Multiplikatoren identifiziert und*
- *eine Strategie für das Vorgehen nach dem Erscheinungstermin definiert haben.*

Planen Sie dafür vier bis fünf Stunden pro Woche ein. Mit der Zeit wird der Aufwand geringer, aber vor und nach dem Erscheinungstermin sollten Sie durchaus einiges an Mühe in Ihr Buchmarketing investieren.

Aus meiner Sicht zählen neben der Amazon-Nutzung vier Bereiche zu einem effektiven Online-Marketing-Mix für die Buchvermarktung.

Landingpage und Website
Prinzipiell haben Sie zwei Möglichkeiten, eine Website für die Buchvermarktung zu nutzen. Entweder Sie erstellen eine neue Unterseite Ihrer normalen Website und leiten die Besucher über einen Navigationslink oder ein Banner direkt auf Ihr Buch. Den Traffic haben Sie ohnehin schon – Sie müssen also keinen Besucherstrom von Null aufbauen. Oder Sie präsentieren es unter einer neuen Domain. Viele Sach- und Fachbuchautoren nutzen diese Option. Gelungene Beispiele für Websites zum Buch sind www.kind-zaehneputzen.de oder www.kopfschlaegtkapital.com.

Eine solche Buch-Website hat im Wesentlichen zwei Ziele. Das erste ist offensichtlich: Sie soll den Verkauf Ihres Buches ankurbeln. Ein Bestelllink oder ein Bestellformular sind unabdingbar. Das zweite Ziel wird häufig vergessen, obwohl es einen viel nachhaltigeren Effekt hat: Über die Website sollten E-Mail-Adressen von Interessenten eingeholt werden. Nicht jeder Besucher ist sofort überzeugt und kauft das Buch. Website-Besucher sind per se flüchtig, das heißt, wenn sie die Seite verlassen haben, wird es schwierig, sie zum Wiederkehren zu bewegen. Deshalb: Bieten Sie eine Leseprobe, Autoren-Hintergrundinformationen, Leserrezensionen, ein Video, Argumente für den Buchkauf sowie weiterführende Inhalte wie Checklisten, Umsetzungshilfen, Themenglossar, die der Besucher jedoch nur dann erhält, wenn er das E-Mail-Formular ausfüllt. Sie generieren damit einen wertvollen Kontakt, einen Lead, und der Besucher erhält wertvolle Unterlagen. Oft lassen sich aus diesen Leads noch nachhaltige Geschäftsbeziehungen generieren, wenn Sie nachfassen. Denn wer an einem Buch zum Thema Rhetorik, Verkaufen, Zeitmanagement, Erziehung oder Psychologie interessiert war, wird sich vielleicht auch für ein Seminar, eine Beratung oder zumindest weitere Bücher zu diesem Thema entscheiden.

E-Mail-Marketing
Einer der wirksamsten Kanäle für das Buchmarketing ist ein gut gepflegter E-Mail-Verteiler mit Adressen, die Sie über Ihr Leadformular auf der Website bzw. der Landingpage sowie über Bestand-, Kontakt- und Newsletter-Adressen eingeholt haben. Senden Sie den Interessenten regelmäßig hochwertige Inhalte, die sich auf Ihr Buch beziehen, wie kurze Ausschnitte, begleitende Videos, Interviews oder weitere Fachartikel, aber auch Presseerwähnungen, Auszeichnungen oder sonstige Anerkennungen, die Ihr Buch erhalten hat. Streben Sie einen ausgewogenen Mix zwischen Content und Werbung an und geben Sie in jeder E-Mail einen tatsächlichen Mehrwert an den Leser weiter. Verlinken Sie auf Ihre Website, auf Amazon oder auf die Verlagswebsite.

Social Media Marketing
Umfassendes Buchmarketing schließt die Social Media-Kanäle ein. Überlegen Sie, ob Ihr Buch nicht eine eigene Facebook-Fanpage verdient hat. Einige Autorenkollegen haben genau das getan, mit gutem Erfolg, wie www.facebook.com/VeganForFit *oder* www.facebook.com/pages/Das-Känguru-Manifest/191086184257985. *Facebook ist im Social Web der reichweitenstärkste Kanal und in den meisten Fällen daher auch der interessanteste. Je nach Thema und Zielgruppe spielen aber auch andere Kanäle wie Twitter, XING, LinkedIn, Google + , Instagram oder Slideshare eine Rolle. All diese Kanäle eignen sich für einen eigenen Auftritt oder das Promoten von Profil und Seiten. Das alles ist letztlich eine Frage des Aufwands ebenso wie die Entscheidung, eine Anzeige zu schalten. Meist erfolgt die Abrechnung dabei klickbasiert und ist bereits mit sehr kleinen Budgets erschwinglich. Wenn Sie die passenden Zielgruppen selektiert haben, lassen sich mit geringen Kosten gute Verkaufserfolge erzielen. Übrigens: Wenn Sie sich für den Einsatz von Social Media-Instrumenten entschieden haben, sollten Sie Buttons bzw. Links auf Ihrer Website zu den Social Media-Auftritten einfügen. Der Besucher kann sich so direkt mit diesen Seiten vernetzen und Sie können ihn erneut ansprechen. Dadurch vergrößert der Autor sein Netzwerk.*

Sonstige Online-Marketing-Maßnahmen
Neben diesen Marketing-Maßnahmen können Sie online noch eine Menge initiieren, damit sich Ihr Buch besser verkauft. Zu Ihren Möglichkeiten gehören:

Suchmaschinenoptimierung:*Sorgen Sie dafür, dass Ihre Buchwebsite bei Suchen nach relevanten Suchbegriffen möglichst weit oben erscheint. Eignen Sie sich das Wissen in Seminaren und aus Büchern an.*

QR-Codes:*Im Buch können Sie QR-Codes unterbringen. Beim Scannen des Codes gelangt der Leser zu weiterführenden Inhalten wie Videos oder Umsetzungshilfen. Die Nutzung von QR-Codes ist allerdings in Deutschland sehr wenig ausgeprägt, versprechen Sie sich davon nicht zu viel.*

Webinare:*Diese Formate eignen sich, wenn Sie sich über den reinen Buchverkauf hinaus als Experte vermarkten wollen. Bieten Sie kurze, kostenlose Webinare von maximal einer Stunde zum Thema Ihres Buches an. Geben Sie hochwertigen Input und verknüpfen Sie das Ganze dann mit dezenten Hinweisen auf Ihr Buch. Zur Vermarktung der Webinare eignen sich meine Tipps in diesem Beitrag.*

Apps:*App-Programmierung ist sehr teuer und aufwendig. Für das Buchmarketing eignet es sich eher nicht. In der Regel können Sie dieses Budget besser in Ihre Website/Landingpage sowie begleitende Werbemaßnahmen stecken.*

Die gute Nachricht ist: Als aktiv vermarktender Autor kurbeln Sie nicht nur Ihre Buchverkäufe, sondern auch Ihr sonstiges Geschäft an. Ihre Expertenpositionierung und Bekanntheit steigen, Medien werden auf Sie aufmerksam und Kunden kommen immer häufiger von selbst zu Ihnen. Und nirgends ist mit so wenig Kosten so viel machbar wie im Internet. Viel Erfolg.

Felix Beilharz [8]

Literatur

1. Ferris, Timothy: *Die 4-Stunden-Woche.* 2008. Econ, Berlin
2. Puttenat, Daniela: *Praxishandbuch Presse- und Öffentlichkeitsarbeit.* 18. Aufl., 2012. Springer, Wiesbaden
3. http://de.wikipedia.org/wiki/Journalist. Zugegriffen: 30.6.2021.
4. Kretschmer, Guido Maria: *Anziehungskraft: Stil kennt keine Größe.* 2013. Edel, Hamburg.
5. http://www.buecher-wiki.de/index.php/BuecherWiki/Bibliotheksgeschichte . Zugegriffen: 30.6.2021.
6. https://onleihe.net. Zugegriffen: 30.6.2021.
7. http://www.ciando.com/service/bibliotheken/. Zugegriffen: 30.6.2021.
8. http://felixbeilharz.de/ . Zugegriffen: 30.6.2021.

Selfpublishing

6

Die eigene Buch-PR schafft ein weites Betätigungsfeld. Mit Kreativität und Biss kann Großes gelingen. Davon dürfen auch Autoren erfahren, die als Selfpublisher eigene Wege gehen. Gefragt nach den Gründen für diese Mühsal, lauten die Antworten:

- Ich will mich jenseits des Mainstreams in Verlagsprogrammen platzieren.
- Ich will meinem Sendungsbewusstsein unabhängig von Verlagsentscheidungen folgen.
- Ich will keine Nutzungsrechte abgeben und meine Autorenhoheit nicht aufgrund zahlreicher textlicher Änderungen im Lektorat verteidigen.
- Ich will das unternehmerische Risiko alleine tragen und die Einnahmen nicht teilen.

Trotz großem Engagement wird ein Selfpublisher schnell vor versperrten Kanälen stehen: Bibliotheken ordern weitaus seltener Bücher ohne ein Verlagssiegel auf dem Cover, auf der Frankfurter Buchmesse werden sie stiefmütterlich und fernab vom Trubel präsentiert. Sie landen nicht zum Anfassen und Anlesen in den Buchhändlerregalen der wirklichen Welt und werden zumeist nicht von den Medien besprochen. Dennoch: Die Szene der Selfpublisher wächst. Sie machen sich Mut in Foren wie www.selfpublisherbibel.de, deren Betreiber kürzlich analysierten, dass unter den Kindle-Top-100 auf den ersten 20 Plätzen kein einziger Titel in einem traditionellen Verlag erschienen sei. Da wächst die Spannung, die Gründe für diesen Erfolg zu erfahren – es mag am Preis liegen, an Inhalten oder daran, dass Lektoren die Entwicklungschancen eines E-Books nicht richtig eingeschätzt haben.

Was anfangs belächelt wurde, nimmt einen beachtlichen Teil der Branche ein, dient als Grundlage zahlreicher Studien und rüttelt fortlaufend an den Festen

© Springer Fachmedien Wiesbaden GmbH, ein Teil von Springer Nature 2021
G. Borgmann, *Vom Exposé zum Bucherfolg*,
https://doi.org/10.1007/978-3-658-35049-9_6

altgewachsener Strukturen. Diese brechen auf. Sie werden transparenter – und offener für Innovationen. Und auch auf Autorenseite verschwimmen die Grenzen. Die Welt lässt sich nicht mehr streng in Verlagsautoren und Selfpublisher einteilen. Autoren, die mit Verlagsbüchern erfolgreich waren, lassen sich nicht abhalten, ein nächstes Werk in Eigenregie zu produzieren oder die Dienste von BoD und ähnlichen Dienstleistern in Anspruch zu nehmen. Die Verdienstspanne ist höher, bis zu 70 %. Jenseits der Profitgedanken aber treibt immer die Hoffnung auf Leser an, auch ohne Verlagsvertrag. Umgekehrt steigen nach Angaben des Springer-Verlages die Anfragen von Selfpublishern, die ihre Titel für eine Neuauflage mit einem Verlagssiegel versehen möchten. Der Markt hat Platz für viele Publikationen – immerhin liest ein deutscher Bürger im Durchschnitt drei bis vier Bücher pro Jahr, in Summe sind das rund 300 Mio.

Gefahr der kurzen Wege

Wenn sich der Autor zutraut, sein Buch in Schrift und Bild selbst zu gestalten, helfen Webdienste wie www.blurb.com weiter. Die Plattform aus den USA bietet gleich ein Verkaufsprogramm mit an. Sie zeigt den kurzen Weg in die Öffentlichkeit. Ich habe in den vorigen Kapiteln eine Zeitschiene zum Buch definiert, und möchte an dieser Stelle noch einmal betonen: Auch wenn Dienstleister in flottes Publizieren anpreisen, lassen Sie sich Zeit für Feinschliff, Lektorat und Testlesen Ihres Buches. Besonders Sachbücher wirken durch reife Texte, eine wortreiche Sprache und ein leserfreundliches Layout. Das mag als Grund gelten, sich nicht zu einem voreiligen Veröffentlichen drängen zu lassen.

Ich zucke zurück, wenn Autoren behaupten, in wenigen Tagen hätten sie ein Buch mithilfe eines kostenfrei heruntergeladenen Gestaltungsprogramms erstellt, einen Dummy gezogen, Rechtschreibfehler korrigiert, um es dann zum Verkauf freizugeben. Zum Glück sind Leser kritisch. Sie strafen kopierte Passagen oder Belanglosigkeiten ab. Ob große Leidenschaft und Demut gegenüber dem geschriebenen Wort den Prozess begleitet haben, wird immer spürbar bleiben. Lose gestrickte Muster zerfallen mit einem Blick hinter Worthülsen und nirgendwo wirkt ein Name deplatzierter als auf einem Buchdeckel mit fadem Inhalt. Deshalb bin ich grundsätzlich der Meinung: Versuchen Sie zunächst, einen Verlag zu finden, und halten Sie das Selfpublishing als Plan B im Hinterkopf. Nehmen Sie Verlagsabsagen und vor allem die Hinweise und Begründungen der Publikationsprofis ernst. Ein konstruktiver Umgang mit Kritik, das Verkraften von Rückschlägen stärkt Ihre Autorenpersönlichkeit und fördert die Entwicklung ungemein. Fragen Sie nach. Wenn sich Lektoren auf ein kurzes Gespräch einlassen, dann sagen sie meist ihre ehrliche Meinung. Denken Sie an den wohl meist zitierten Fall in der Literaturgeschichte: J. K. Rowling [1] erhielt von verschiedenen Verlagen ihr Manuskript postwendend zurück.

Aber sie ließ sich nicht einschüchtern, solange, bis sie einen Verlagsvertrag in den Händen hielt, begleitet von dem Rat des Verlegers Barry Cunningham, sich eine Arbeitsstelle zu besorgen, da die Chancen sehr gering seien, „mit Kinderbüchern Geld zu verdienen". [2] Auch Experten können irren. Heute verdient sie geschätzte 300 Mio. Dollar im Jahr. Sie tat gut daran, ihre Idee zu bewahren und nicht zur Diskussion zu stellen. Wie ihr Buch sich als Eigenpublikation entwickelt hätte, das bleibt Spekulation.

6.1 Corporate Books: Image ist alles

Selfpublishing ist für Autoren ein Wagnis, für Unternehmen hingegen eine bewährte Möglichkeit, Geschichten in die Welt zu bringen. Eine Vielzahl der Corporate Books entsteht im Eigenverlag und diese Entscheidung macht Sinn. Corporate Books informieren, unterhalten, zeigen die Kultur des Unternehmens. Mit einem angemessenen Storytelling tragen sie zur Imagebildung bei.

Die drei hauptsächlichen Anlässe, ein Unternehmensbuch zu publizieren sind: Jubiläen seit Gründung, Geburtstage der Geschäftsführer, runde Jahreszahlen für Marken. Aber es etabliert sich ein weiterer, durchaus beachtenswerter Grund: die Nachhaltigkeit.

Die Welt rückt in der Dynamik der Digitalisierung näher zusammen. Sie wird transparenter. Unternehmenssünden lassen sich auf der einen Seite kaum noch verbergen. Auf der anderen Seite prägt nichts mehr das positive Image als das erkennbare Bemühen, diese Welt ein wenig besser zu machen. Das spiegelt sich in den Geschäftsberichten, die in den meisten Fällen ebenso Nachhaltigkeitsberichte sind. Neben den Daten und Fakten sowie den Highlights des Geschäftsjahres erzählen sie vom Unternehmensengagement zumeist in ökologischen, gesellschaftlichen und kulturellen Bereichen. Wahrhaftig aber werden diese Darstellungen nur, wenn hinter einer wohlfeilen Formulierung in Berichten auch eine Haltung steht, die besagt: Wir lösen ein, was wir versprechen. Wir stellen uns den Anforderungen und gestalten Zukunft. Welches Instrument der Unternehmenskommunikation könnte sich besser für diese Imagewerbung eignen als ein Buch?

Raum für die Geschichte
Ein Corporate Book ist kein periodisches Kommunikationsinstrument. Es beansprucht den Solo-Auftritt. Es darf herausfallen aus der üblichen Design-Linie, darf hervortreten mit einem Glamour-Faktor. Das mag der Grund sein, warum

sich ein Unternehmensbuch allen Kosten zum Trotz häufig zum Lieblingsprojekt mancher Geschäftsführer entwickelt. Im Idealfall konnten Sie einen Verlag als Medienpartner oder Auftragnehmer gewinnen, der das Projekt professionell im Dialog mit Ihnen begleitet. Verlage, die sich neben ihrem normalen Buchprogramm auch auf Corporate-Publishing-Angebote spezialisieren (z. B. *Springer Fachmedien Wiesbaden, Hoffmann und Campe, Droemer Knaur*), bieten einen sehr guten Rundumservice von der Konzeption des Werkes bis hin zum Druck, inklusive Bereitstellung des E-Books. Dieser professionelle Service ist attraktiv, hat aber seinen Preis.

Wer weniger zahlen möchte, gründet eine Arbeitsgruppe gemeinsam mit Kollegen und Mitarbeitern und begibt sich mit seiner Idee in die wachsende Community der Selfpublisher.

6.2   Storytelling im Unternehmen

Auch ein Corporate Book wird in erster Linie für seine Leser geschrieben, erst in zweiter Linie, um den unternehmerischen Stolz auf Erreichtes auszudrücken und Traditionen zu pflegen und weiterzureichen. Damit rücken die Stakeholder ins Visier der Arbeitsgruppe und die Frage: Was bringt Stakeholder dazu, sich durch eine Unternehmensgeschichte zu lesen? Immerhin könnten sie die Daten, Fakten, Kampagnen und Highlights aus den jährlich erscheinenden Geschäftsberichten erfahren. Aber diese Publikationen geben nur einen Ausschnitt der Leistung wieder. So liegt die Antwort nahe: Es ist die Neugierde auf die ganze Geschichte, auf die Idee zur Gründung, auf jede einzelne Station zum Erfolg und auf das Meistern von Niederlagen. Es ist die Lust, ein Unternehmen durch die Brille von Generationen zu betrachten und noch einmal den Zeitgeist zu empfinden, als die Meilensteine gesetzt wurden. Zwei Elemente laufen im Text zu einem Muster zusammen: Information und Emotion. Storytelling im Unternehmen heißt nicht, aus dem Nähkästchen zu plaudern oder mit Best-Practice-Beispielen zu prahlen. Vielmehr steht es für den hohen Anspruch, in angemessenen Worten und Bildern die Unternehmenswelt von einst und ihre Entwicklung bis heute zu erklären.

Aufmerksamkeit erreichen

Das Storytelling hielt Mitte der 1990er Jahre aus den USA kommend Einzug in deutsche Unternehmen. Es bescherte ihnen sowohl einen emotionalen Weg der

Kundenbindung als auch einen Aufmerksamkeitsfaktor seitens der Medien. Dabei ist es kein neues Instrument. Denn: „Das Erzählen von Geschichten scheint so alt wie die Sprache selbst. Sprache hat die Aufgabe, sich mit anderen Menschen darüber zu verständigen, wie wir Gefahren vermeiden können und wie wir zu Wohlbefinden gelangen", fasst Dieter Herbst (2008, S. 14) zusammen. [3] Menschen also sehnen sich nach Geschichten, in denen sie sich verlieren können. Sie schätzen Wortbilder für ihre Gedanken, durch die sich die eigene Wahrnehmung der Welt erklären lässt. Geschichten sind Anker in turbulenten Zeiten und gleichsam eine Projektionsfläche für Glück und eine gute Zukunft. Sie geben Hoffnung – und prägen sich um ein Vielfaches länger und intensiver ein als reine Zahlen es je könnten.

Das Geschichtenerzählen ist ein klangvolles Instrument, um die Unternehmenswelt präsent zu halten. An welchen Gründer denken Sie, wenn Sie sich einen jungen Studenten in der elterlichen Garage irgendwo in Kalifornien vorstellen. Zoomen wir nach bester Hollywood-Manier die vor Staub und Schmutz erblindeten Fenster einmal näher heran. Im kargen Inneren des Raumes zeichnen sich die Umrisse eines Kastens ab. Der Student sitzt davor, scheint dieser Welt entrückt, einzig konzentriert auf das Schrauben der Seitenteile unter einem milchigen Lichtstrahl. Kein Laut stört diese Stille. Keine Uhr drängt zum Aufbruch. Kein Rhythmus aus Tag und Nacht bestimmt den Arbeitsfluss. Einzig die Vision, diesem Kasten ein Eigenleben zu schenken, eine ganze Nation und vielleicht gar die Welt zu revolutionieren mit einer Technik aus Mikrochips und der Entwicklung einer Maus, treibt den jungen Mann an. – Steve Jobs sollte bald schon Weltmarktführer der Computerbranche sein. Storytelling kleidet Fakten in Worte, vermittelt Atmosphäre, konfrontiert mit Ärger, Zorn, Freude, Traurigkeit, Hoffnung, Wunsch und Wirklichkeit.

Spiel mit dem Zeitgeist

Ziehen Sie den Leser in die Vergangenheit. Begleiten Sie ihn von dort in die Gegenwart und erklären Sie die Chancen, die Sie für Ihre Zukunft sehen. Zeigen Sie Gefahren und Konflikte auf, entwerfen Sie Lösungen und geben Sie Antworten, die nicht von der Stange sind. Schreiben Sie nicht abstrakt: „Unser Unternehmen reagiert auf neue politische Rahmenbedingungen", sondern erzählen Sie, wie sich diese Herausforderung auf den Alltag auswirkt, wie sie Ressourcen belastet und wie Kündigungen und Schließung von Filialen nötig sind. Schreiben Sie nicht: „Uns liegen die Rechte der Kinder am Herzen", sondern erklären Sie, warum Sie zweimal jährlich nach Indien fahren, um eine Schule zu finanzieren, in denen Kinder aus den Slums unterrichtet, ernährt und gefördert werden. Unterstreichen Sie Ihr Alleinstellungsmerkmal mit der Kreativität eines Querund Vordenkers. Wie genau sieht Ihre Vision aus? „Wir setzen uns für den Umweltschutz ein" genügt als Statement nicht. Rufen Sie jetzt auf, um weltweit in den nächsten fünf Jahren 100.0000 Bäume zu pflanzen. Aktion macht glaubwürdig. Nicht geduldige Worte auf Papier. Geben Sie konkret an, welche Ihrer Thesen sich in den nächsten drei oder fünf Jahren erfüllen werden. Und: Sorgen Sie für ein Happy End. Auch der Leser eines Corporate Books will sich wundern und will bangen, sich anstecken lassen von Ihrem Ehrgeiz, von Ihrer Fähigkeit, in Krisen gerade zu stehen. Aber er will keine Werbeplattitüden, keine Bausteine aus Ihrer Strategie. Eine Hochglanzstory wirkt niemals authentisch, eine Datensammlung niemals anregend.

6.3   Format und Anlass

Das Planen eines Unternehmensbuches beginnt mit der Genre-Wahl. Diese ist als Identifikationsstifter und Imagetreiber von immenser Bedeutung. Eine Familiensaga gibt Einsichten in persönliche Gedanken und Haltungen, ein Fachbuch bleibt streng bei den Unternehmensfakten. Kurzgeschichten richten die Aufmerksamkeit lediglich auf die Meilensteine und verzichten auf eine detaillierte chronologische Darstellung. Fragen Sie sich, wer Ihr Buch lesen wird, ob Sie den Kreis der Stakeholder für weitere Personenkreise öffnen möchten wie potenzielle Kunden oder Leser, die an Kultur- und Zeitgeschichte interessiert sind. Ob Sie Ihr Buch als Präsent für Mitarbeiter, Partner, Kunden und Medien verstehen oder ob Sie versuchen möchten, durch eine breit angelegte PR-Kampagne zum Buch Ihre Bekanntheit zu erhöhen. Als Genre eignen sich:

Chronik
Sie führt den Leser zurück zur Gründung und beschreibt von dort die wichtigen Stationen, Änderungen und Wachstumsphasen bis zum heutigen Tag. Wie auf einer historischen Zeitschiene erfährt der Leser, welche Ereignisse die Unternehmensgeschichte geprägt haben. Die Tonalität ist sachlich. Das Unternehmen wird in der 3. Person Singular beschrieben, wodurch eine Perspektive entsteht.

Memoire
Es gibt kein Genre, das bei der Darstellung einer Unternehmensgeschichte mehr Nähe zum Leser generiert. Eine gründliche Recherche ist nötig, Tagebuchaufzeichnungen, Briefe und Notizen bilden die Grundlage, um die Gedanken und Ideen des Gründers nachzuvollziehen. Für Familienunternehmen eignet sich diese Erzählweise, die oftmals große Sympathien erreicht sowie Verständnis für Niederlagen generiert, weil persönliche Motivationen im Mittelpunkt stehen.

Ratgeber, Sachbuch, Fachbuch
Die Kriterien für die einzelnen Genres finden Sie in Abschn. 2.3. Diese gelten für Verlagspublikationen wie für Corporate Books im Selfpublishing. Eine Restaurantkette wird sich für ein Rezeptbuch entscheiden, ein Kosmetikkonzern für ein Sachbuch zu Themen wie Haut, Gesundheit oder Wohlgefühl bis ins Alter, eine Klinik für ein Fachbuch über die modernen Behandlungsmethoden in den einzelnen Fachbereichen.

Roman und Familiensaga
Protagonisten und Antagonisten bestimmen den Plot. Wie in einem Roman entwickeln sich die Figuren, werden Schauplätze ausgewählt, Stimmungen in Szenen erzeugt. Wenn diese Herausforderung des literarischen Schreibens gelingt, kann solch ein Unternehmensbuch als Lektüre begeistern und wenn es frei von Werbung ist, kann es einen Publikumsverlag gewinnen. So wie der historische Roman über Robert Bosch [4] oder die Familiensaga *Die Neckermanns* [5].

Kurzgeschichten
Wie ein Sammelband von Meilensteinen und besonderen Erfolgen können sich diese Kurzgeschichten fortsetzen. Diese Art der Aufbereitung kommt dem schnellen Alltagsrhythmus der Stakeholder entgegen. Nach dem Motto ‚Wenig geblättert und Bedeutsames erfahren' können Kurzgeschichten das Unternehmen immer wieder in die Erinnerung des Lesers rufen. Wichtig sind: Kurzweil und Abwechslung.

Bildband
Ein Buch, in dem Worte die zweite Rolle spielen. Das finde ich als Liebhaberin von Worten gewagt, es kann aber gelingen, wenn die Motive reizvoll sind und die Bilder einen hohen künstlerischen Anspruch erfüllen.

Corporate Books brauchen zudem eine Botschaft. Im Mittelpunkt stehen zum großen Teil die Historie, die Unternehmenskultur und die Markenbildung. Diese Aspekte bestimmen den roten Faden im Buch. Mithilfe der Antworten auf die folgenden Fragen lässt er sich gut entwickeln:

1. Was waren die Ideen und die Visionen des Gründers?
2. Welche politischen, wirtschaftlichen und gesellschaftlichen Rahmenbedingungen gab es damals?
3. Wo gab es Brüche, Schwierigkeiten oder Außergewöhnliches?
4. Wie entwickelten sich die Leistung und das Portfolio, wie entstand Wachstum im Unternehmen?
5. Wie gestaltete das Unternehmen die Generationenübergabe und wie veränderten sich die Werte und Ziele im Laufe der Zeit?
6. Wo gab es herausragende Erfolge, wo Niederlagen, wo gar eine Neuausrichtung?
7. Wer leitet das Unternehmen heute mit welcher Mission?
8. Wie hat sich die Unternehmenskultur entwickelt, wie die Philosophie?
9. Welche Werte bestimmen Denken und Agieren, die Strategie und die Nachhaltigkeit am Markt?

6.4 Wirkung durch Bilder

Neben einen angemessenen Storytelling gibt es einen weiteren Anspruch an Ihr Werk: die passende Bildsprache. Erst das Zusammenspiel von Wort und Bild bestimmt den Charakter Ihres Buches. Ein wunderbarer Text kann durch aussagelose Billigfotos aus den Agenturen erdrückt und entwertet werden. Aber auch umgekehrt verlieren künstlerisch wertvolle Bilder durch fade Begleittexte an Ausstrahlung. Bevor Sie also die Datenbanken lizenzfreier Bilder aufrufen, suchen Sie in Archiven und Ordnern, fragen Sie Mitarbeiter und Ehemalige. In deren Privatbesitz befinden sich oftmals kleine Kostbarkeiten, zudem wissen sie manche Anekdote zu erzählen, erinnern sich auch an die kleinen Etappen zum Erfolg. Lassen Sie sich von diesen alten Bildern in Schwarz-Weiß und mit geknickten Ecken nicht einschüchtern, sondern entwickeln Sie den Ehrgeiz, diese zu bearbeiten und als Zeitdokumente zu präsentieren. Unschärfen wirken authentisch und belegen den zeitlichen Abstand zur Vergangenheit. Und für die modernen Szenen beauftragen Sie einen Fotografen oder greifen Sie auf Plattformen zurück, die individueller sind als die üblichen Verdächtigen. Was sich für Magazine eignet, muss für ein Buch nicht ausreichen. Es wäre ärgerlich, würde Ihr Titelbild des Corporate Books zeitgleich als Poster ein Fitnessstudio zieren.

Stilvoller ist es, kleine Galerien zu recherchieren, in denen Bildjournalisten ihre Perlen aufreihen, etwa www.bernd-lammel.de/bernd.php oder http://www. photopool.cc. Besonders Unternehmensbücher suchen historische Fotos, um den Rückblick nicht nur wortreich, sondern auch bildhaft zu gestalten. Auf www.akg-images.de finden Sie kunst- und kulturhistorische Fotos und das Bundesarchiv in Koblenz hält unter www.bild.bundesarchiv.de eine Bilddatenbank mit rund elf Millionen Fotos und Plakaten deutscher Geschichte bereit, derer sich NGOs im Rahmen der Creative Commons-Lizenz gar kostenfrei bedienen können. Einen wahren Fundus, über mehr als 100 Jahre gewachsen, öffnet Ullsteinbild für Unternehmensbücher mit den Schwerpunkten Zeitgeist und Zeitgeschichte (www.ullsteinbild.de).

Die Lizenzen staffeln sich meist nach einfacher oder mehrfacher Nutzung. Für das Titelbild eines Corporate Books kann unter Umständen ein Total Buy Out infrage kommen. Dann erwirbt das Unternehmen das Exklusivrecht an diesem Bild. Der Preis liegt meist um ein zehnfaches höher gegenüber der Einzelnutzung.

Urheberrecht bei Bildmaterial
Die Bildlizenzen errechnen sich nach Größe des Bildes und Auflage des Mediums. Mit dem Kauf eines Fotos aus Datenbanken oder Privatbesitz erhalten Sie das Nutzungsrecht, nicht aber das Urheberrecht. Das bedeutet konkret: Sie sind verpflichtet, die Quelle des Urhebers bzw. Rechteinhabers zu nennen. Dazu Rechtsanwalt Guido Kambli aus München im Gespräch: „Die Grenzen dafür, dass das Urheberrechtsgesetz greift, sind niedrig. Selbst ein sogenannter Schnappschuss kann über § 72 UrhG urheberrechtlich geschützt sein und darf nicht ohne Einverständnis des Urhebers genutzt werden."

Wenn Sie das Genre Ihres Unternehmensbuches bestimmt, in den Archiven nach Daten, Fakten, Meilensteinen, Aufzeichnungen, Berichten und Bildern geforscht haben, dann ist es innerhalb von vier Monaten möglich, Ihr Corporate Book in Eigenregie bei einem Ganztagesaufwand zu erstellen. Häufig entscheiden sich Unternehmen an dieser Stelle, die Dienste eines Ghostwriters zu buchen.

6.5   Mit einem Ghostwriter arbeiten

Dem Wort Ghostwriter haftet etwas Geheimnisvolles an. Wer es hört, senkt seine Stimme, weil er weiß: Verschwiegenheit ist das Gebot der Stunde. Ghostwriter reden selten. Ihre Domäne ist das Schreiben. Sie sind leise Menschen. Wer um die Abläufe einer Buchproduktion weiß, wer akademisches und systematisches Arbeiten gelernt hat und Talent zum Texten mitbringt, hat gute Chancen, sich als Ghostwriter zu etablieren. Besonders für Geistes-, und Sozial- und Politikwissenschaftler sowie Journalisten öffnen sich durchaus lukrative Berufsperspektiven. Die meisten Akteure in der Szene kennen und schätzen einander, haben über die Jahre das eine oder andere Projekt gemeinsam gemeistert.

Erfahrung und Chemie müssen stimmen

Eine Zusammenarbeit zwischen Unternehmen und Ghost verspricht Erfolg, wenn alle Beteiligten die Tiefen des Themas erkennen. Ein similärer Kenntnisstand ist also vorteilhaft, ein ähnlicher Wertekontext sinnvoll. Beide sollten sich auf einer Verständnisebene begegnen, wenn es um die Sicht auf diese Welt geht. Ich persönlich habe mich lange Jahre im Bereich der Menschenrechte engagiert und würde aus eigenen ethischen Gründen Aufträge ablehnen, die einzig den Profit in den Vordergrund rücken und dabei einen ganzheitlichen, verantwortungsvollen Aspekt zur Seite schieben. So lautet mein erster Rat für Unternehmer, die mit einem Ghostwriting liebäugeln: Achten Sie auf die Themenspezialisierung. Und der zweite fügt sich gleich an: Lassen Sie sich Schreibproben oder gar Veröffentlichungen zeigen. Ein Ghost für Reden oder Fachbeiträge arbeitet mit anderen Methoden und Spannungsbögen als einer, der Bücher schreibt. Fragen Sie vor einem Briefing nach:

- Mit welchen Verlagen hat der Ghostwriter bereits zusammengearbeitet?
- Lektoren wissen meist, was den Lesern verborgen bleibt, nämlich ob das Buch mit professioneller Hilfe entstand. Bitten Sie um Verlags- und Themennennung im weiteren Sinne.
- Hat der Ghostwriter bereits Interviews, Fachartikel und Bücher unter seinem eigenen Namen veröffentlicht?
- Hier können Sie einen ersten Eindruck von seinen Kernkompetenzen wie Themenspektrum und Schreibstimme erhalten.
- Wird er namentlich in Danksagungen als Berater, Begleiter oder Tippgeber genannt?
- Wenn eine Zusammenarbeit von Wertschätzung getragen wurde, entsteht beim Autor oft der Wunsch, Danke zu sagen, wenn auch in einem verklausulierten Satz.
- Gibt es Bücher, in denen er im Impressum als Co-Autor oder gar Writer genannt wird?
- Diese Hinweise sind für einen Ghostwriter ein Segen, denn mit diesen Werken kann er werben. Das ist für Sie ein Indiz für gute Leistung.
- Ist der Ghostwriter fähig, Sie vom Konzept bis zum Feinschliff zu begleiten, und zwar zeitlich und handwerklich?
- Die Bandbreite der Zusammenarbeit reicht vom Konzept bis zum Rundum-Sorglos-Paket, von der Buchentwicklung bis zur Koordination aller Bereiche wie Grafik, Lektorat und Druck.

Es gibt viele Gründe, einen Ghostwriter zu buchen. Die drei häufigsten sind:

1. mangelnde Zeit,
2. unterschätzter Aufwand,
3. starke Rede-, aber schwache oder zu mühsame Schreibsprache.

Was auch immer der Grund für Ihre Entscheidung sein sollte, sich eine professionelle Unterstützung zu suchen, folgender Projektverlauf bewährt sich in der Praxis:

1. Auftaktgespräch oder Tagesworkshop
   Während dieser Stunden erfasst der Ghostwriter Ihr Themenwissen und die Schreibstimme im Unternehmen. Sie werden gemeinsam das Genre festlegen, den Titel finden, die Gliederung entwerfen sowie die Zeitschiene bestimmen.
2. Exposé und Probekapitel
   In den folgenden Wochen entstehen Konzept, Leseprobe und ein konkreter Arbeitsplan für alle involvierten Mitarbeiter, zumeist aus den Abteilungen Archiv, Presse- und Öffentlichkeitsarbeit, Grundsatzarbeit und Geschäftsführung. Ebenso werden weitere Dienstleister wie Grafiker, Lektor, Korrektor und Drucker mit ihren Verantwortlichkeiten berücksichtigt.
3. Manuskript
   Erst wenn der Vertrag unterschrieben, Konzept, Leseprobe und Ablaufplan abgesegnet sind, dann entsteht das Manuskript in den folgenden Monaten.

Ghostwriter arbeiten unterschiedlich. Der eine besteht auf persönliche Gespräche, mit dem Aufnahmegerät auf der Mitte des Tisches. Ein anderer schätzt Dokumente, Aufzeichnungen, Notizen oder Dateien aller Art, um sich in ein Thema hineinzuknien. Ein Dritter ermuntert zu langen Telefongesprächen, in denen er durch geschickte Fragetechniken das Wissen geradezu herauskitzelt und dabei munter in die Tasten schlägt. Vielleicht wird es eine Kombination aus all diesen Eigenarten sein, um das Beste zu erarbeiten, was möglich ist. Wichtig scheint mir eines: Bleiben Sie als Geschäftsführer im Unternehmen nah dran an Ihrem Projekt. Lassen Sie sich kapitelweise die Seiten senden. Das spart eine große Korrekturschleife am Ende und gibt Ihnen das gute Gefühl, den Faden nicht zu verlieren. Entwickeln Sie Emotionen für Ihr Buch, auch wenn Sie nicht selbst schreiben. Machen Sie es eine Zeit lang zu Ihrem Baby, das wächst und gedeiht und dicklich wird.

Vertragliche Schweigepflicht

Der Vertrag zwischen Unternehmen und Ghostwriter weist einen Passus zur Schweigepflicht auf, zum Beispiel: „Das Buch entsteht mit absoluter Verschwiegenheit. Weder Titel noch Inhalt dürfen in einem Folgewerk verwendet oder Dritten zur Kenntnis gegeben werden. Mit der Freigabe des Textes und der Begleichung des Honorars gehen die Nutzungsrechte am Werk uneingeschränkt auf den Autor über." Meist wird der Zusatz vereinbart, dass der Ghostwriter das Thema im weitesten Sinne sowie den Verlag nennen darf, um seine Kompetenz zu zeigen, wie: *Bereich Wirtschaft, erschienen im Springer-Verlag, Herbst 2021.* Entscheidet der Unternehmer, dass er den Ghostwriter als Co-Autor bezeichnen oder im Impressum nennen will, entfällt die Verschwiegenheitsklausel.◄

Ein Wort zum Geld

> Poeten, wie wir wissen, sind furchtbar empfindliche Menschen, und nach meiner Beobachtung ist eines der Dinge, bei dem sie am empfindlichsten sind: Geld.

Das soll der Schriftsteller und Literaturkritiker Robert Penn Warren gesagt haben und es mag ein Hinweis darauf sein: Beim Geld hört das Gerede um die Schöngeistigkeit auf. Auch wenn eine gehörige Portion Idealismus einem Schreiber innewohnt, so steht am Ende des Projektes doch eine Zahl, die den Wert der Worte benennt. Wie hoch diese Summe aus Recherche, Gesprächen, Rohtexten und Feinschliff sein wird, das sollten Sie frühzeitig als Pauschalhonorar aushandeln.

Legen Sie in der Zusammenarbeit mit Ihrem Ghost vertraglich fest, welche Leistungen Sie in welchem Umfang und zu welcher Zeit erwarten. Splitten Sie die Tätigkeiten kleinlich auf, damit Sie wissen, was Sie kaufen. Die Nutzungsrechte am Text erhalten Sie erst mit Überweisung des Honorars. Dieses wird sich nach aktueller Marktlage vermutlich ab 25.000 € aufwärts bewegen, abhängig von Genre, Buchumfang und Ihrer Vorarbeit.

Mehr als eine Verbeugung

Vor rund 500 Jahren verstand man das Honorar für Schreiber als Geschenk, als eine Ehrerweisung. Da die Schreiber von einer Verbeugung den Lebensunterhalt nicht bestreiten konnten, suchten sie sich weitere Einnahmequellen. Sie fanden bald heraus, dass ein Spiel mit den Eitelkeiten durchaus einträglich sein konnte. Also widmeten sie ihre Texte einer Persönlichkeit aus Adel oder Klerus und hofften auf deren geldwerte Großzügigkeit. Generell galt bis weit ins 17. Jahrhundert hinein die Auffassung: Ein Autorenname muss berühmt sein, sonst gibt es keinen Anspruch auf Honorar. Das sollte sich 1825 ändern, als sich in Leipzig der Börsenverein der Deutschen Buchhändler gründete. Er gilt als Vorläufer des Börsenvereins des Deutschen Buchhandels. Autoren hatten fortan eine Lobby. Man befand: Schreiben sollte immer mit einer Wertschätzung einhergehen und dazu zählt auch der Preis. Diese Einsicht hat sich zum Glück für alle Ghostwriter durchgesetzt.

So weit, so überschaubar, könnten Sie sich denken. Nur: Was geschieht, wenn sich nach solch einer Zusammenarbeit das Corporate Book zum Bestseller entwickelt? Träumen wir einmal davon, dass Ihr Buch in einem publikumsstarken Verlag erscheint, die zweite, dritte Auflage in kurzem Takt folgt und die Verkaufszahlen in schwindelerhöhende Sphären gelangen. Der Ghost hat mittlerweile von Ihrem Erfolg erfahren, besinnt sich auf den geistigen Schöpferschutz – und fordert nach. Auf welcher gesetzlichen Grundlage und in welchem Umfang kann das geschehen? Dr. Christian Sprang leitet die Rechtsabteilung des Börsenvereins des Deutschen Buchhandels und erklärt auf Nachfrage:

Nach §§ 7 und 13 des UrhG verfügt der Ghostwriter über die gesetzlich verbriefte Urheberschaft seines Textes. Selbst die Nutzungsrechte erfahren eine Einschränkung durch die Paragraphen 32 und 32a, die eine angemessene und faire Beteiligung zusprechen.

▶ **Tipp** Zum Honorar addieren sich üblicherweise sieben Prozent Umsatzsteuer, es sei denn, Ihr Ghostwriter gilt als Kleinunternehmer gemäß § 19 Absatz 1 des UStG. Ebenso wird die Gebühr für die Künstlersozialversicherung fällig. [6] „Der Abgabesatz beträgt im Jahre 2014 5,2 % der Netto-Entgeltzahlungen an den Künstler/Publizisten", erläutert eine Mitarbeiterin.

6.6   Das Drehbuch für ein Corporate Book

Um als Geschäftsführer ein solch ambitioniertes Projekt wie ein Corporate Book zu planen, brauchen Sie ein Drehbuch. Ihre Mitarbeiter warten auf den Einsatz,

Dienstleister hoffen auf Aufträge. Verstehen Sie sich als Regisseur, der die Rollen verteilt von der Idee bis zur PR. Legen Sie frühzeitig fest:

- wer welche Aufgabe übernimmt,
- welche Leistungen Sie zu welchem Zeitpunkt erwarten,
- welche Erfolgskontrollen Sie auf der anspruchsvollen Strecke installieren wollen.

Ihr Drehbuch gliedert sich in vier Akte: entwickeln, schreiben, überarbeiten, organisieren. Damit stehen die Protagonisten für Ihr Werk zunächst fest: Grafiker, Writer, Lektor und der Projektmanager. Später werden Mitarbeiter aus dem Vertrieb und der Pressestelle hinzukommen. Mein Vorschlag soll ein Leitfaden entlang einer Zeitschiene von rund fünf Monaten sein:

Drehbuch: 1. Akt – Sichten und Planen
Zeitraum: ein Monat
Sammeln und sortieren Sie Ihre Unterlagen aus dem Archiv. Alles, was je aufgezeichnet und aufgeschrieben wurde, hinterließ Spuren in der Unternehmensentwicklung. Bringen Sie es in eine chronologische Reihenfolge, um dann zu entscheiden: Was sind die wahren Meilensteine der vergangenen Jahrzehnte? Diese Highlights geben den erzählerischen Rahmen vor. Lassen Sie sich ein auf die Reise in die Vergangenheit, um alles Erforschte und Entdeckte aufzuschlüsseln und den Bogen bis zur Gegenwart zu schlagen. Als ich eines meiner Unternehmensbücher schrieb, da entdeckte ich Familienspuren, die bis ins Mittelalter hineinreichten. Entsprechend groß war neben einem Lese- und Scanaufwand die Recherche über die Lebensweisen der Menschen in dieser Zeit. Sie sog mich geradezu in die dunklen Jahre, die von Pest und rigiden Erlassen geprägt war. Diese Vorfahren des Unternehmers lebten am Rande der Städte, waren Scharfrichter und Henker und damit von den Bauern und Bürgern gemieden. Es war eine knifflige Aufgabe, diese Tatsache in ein Storytelling zu fassen und vor dem Geist des Mittelalters zu rechtfertigen. Wenn Sie auf der Linie der Vergangenheit wandern, dann kann es auch einmal ungemütlich werden. Die tiefgründigen Geschichten schrieb und schreibt eben doch das Leben selbst. Davon erzählen Bilder und Überlieferungen, daraus lassen sich Zitate sammeln, die später die Marginalspalten zieren und dem Buch einen unverwechselbaren Charakter geben.

Drehbuch: 2. Akt – Schreiben und Gestalten
Zeitraum: zwei Monate

Entsteht das Buch in einem klassischen Format, also in einer Chronik von der Gründung bis zur Gegenwart, so scheint die Gliederung geradezu vorgegeben zu sein:

- Vorwort des Geschäftsführers
- Wie alles begann
- Die Idee des Gründers
- Die Schritte am Anfang
- Zeiten ändern sich
- Vom Produkt zur Marke
- Ein zeitloses Versprechen
- Kultur braucht eine Geschichte
- Das Statement für die Zukunft
- Wenn aus Visionen Ziele werden
- Von Verantwortung für Gesellschaft und Umwelt
- Erfolg hat viele Facetten
- Zeittafel
- Perspektiven
- Dank
- Unternehmensstruktur/Organigramm
- Impressum

Um diesen Rahmen spannt sich der Stoff aller zusammengetragenen Werke. Ich halte es für sinnvoll, wenn Writer und Grafiker von Beginn an zusammenarbeiten und die Kapitel in enger Absprache erstellen. Meist entscheiden sich beide, erst das Layout zu entwerfen und mit einem Blindtext vorzugeben, wie viele Zeichen je Seite nötig sind. Durch die Aneinanderreihung von pseudo-lateinischen Wörtern entsteht ein Fließtext, lässt sich das Layout in Wort und Bild darstellen. Unter www. blindtextgenerator.de finden Sie dieses *Lorem ipsum dolor sit amet.* Entscheiden Sie sich frühzeitig, wie Sie Ihren Lesern die historischen und modernen Eindrücke vermitteln wollen. Ein Blocksatz in Spalten wirkt nüchtern und sachlich, ein Flattersatz unterstreicht den Erzählcharakter. Zudem setzen Bildunterschriften Schlaglichter und Gestaltungselemente wie Linien, Infokästen oder Farbverläufe beeinflussen die Leserführung.

Drehbuch: 3. Akt – Korrigieren und Lektorieren
Zeitraum: zwei Wochen
Ein Corporate Book zu erstellen, ist teuer. Der Preis für das Werk bewegt sich im mittleren fünfstelligen Bereich, je nach Aufwand, Papier-, Bild- und Druckqualität,

je nach Einsatz der Dienstleister. Da könnte am Ende die Idee aufflackern, am Lektorat und Korrektorat zu sparen. Diese Entscheidung wäre falsch. Auch wenn kompetente Mitarbeiter und Dienstleister das Skript lesen – kleine Fehler bleiben häufig unentdeckt. Die aber, da dürfen Sie sicher sein, stechen später nach dem Druck hervor. Wie ein weißer Fussel auf schwarzem Stoff bindet solch ein Ärgernis die Aufmerksamkeit und lenkt vom Wesentlichen ab: von der Essenz im Kapitel.

Ein Lektor und ein Korrektor haben einen geschulten Blick und zudem eine gesunde Distanz. Sie sind nicht vernarrt in den Text, denn sie haben ihn nicht formuliert. Sie sind nicht emotional mit dem Unternehmen verbunden, denn sie sind Dienstleister. In neutraler Haltung achten sie auf Logik, Gliederung, Struktur, Rechtschreibung, Grammatik, Satzbau, Wortwahl, Tonalität und Stil. Die Schlussredaktion jedoch obliegt Ihnen als Unternehmer selbst. Sie zeichnen verantwortlich bevor es heißt: Druckfreigabe.

Drehbuch: 4. Akt – Projektmanagement und Organisation
Zeitraum: Fortlaufend bis zum Druck
Ein Geschäftsführer im Unternehmen erfüllt in der Regel einen Job, der weit über einen Acht-Stunden-Tag hinausgeht. Da bleibt wenig Kraft für ein zusätzliches Projekt in der Dimension eines Corporate Books. So fällt dem Projektmanager eine verantwortungsvolle Rolle zu. Er hält die Fäden in der Hand, verteilt die Aufgaben und sorgt für eine transparente Kommunikation. Er drängt sich nicht nach vorne, zielt nicht auf Lob und Applaus wie Texter, Fotografen und Grafiker, sondern beobachtet und koordiniert das Bühnentreiben. Ein Projektmanager ist Ansprechpartner und Ratgeber, Vorherseher, Entscheider, Zeitexperte und zudem Berichterstatter an den Vorstand. Zu seinen Aufgaben in diesem 4. Akt des Drehbuchs zählen:

• Das Bestellen der ISBN, wenn Sie ohne Verlag arbeiten
  Diese 13-stellige Nummer sowie die Titelmeldung an das Verzeichnis lieferbarer Bücher ermöglicht Ihnen eine Auffindbarkeit und somit Bestellmöglichkeit über den Buchhandel.
  Auch wenn ein Unternehmensbuch hauptsächlich als Geschenk für Mitarbeiter, Partner, Kunden und Medien produziert wird, sollten Sie sich diesen Verkaufskanal offenhalten. Wer weiß: Vielleicht entwickelt sich ein Empfehlungsmarketing jenseits der Unternehmensstory. Wie ein Markt auf ein Werk reagiert, lässt sich niemals in Gänze vorausberechnen, weil unbestimmte, nicht vorhersehbare Wendungen auftreten können. Augenzwinkernd widmete der Essayist Nassim Nicholas Taleb diesem Phänomen ein ganzes Buch [7]. Planen Sie also in alle Richtungen, rechnen Sie immer mit Erfolg – und ebenso mit Rückschlägen und Gegenwind.

ISBN

ISBN steht für *Internationale Standardbuchnummer.* Sie ist die Grundlage für den Eintrag in das Verzeichnis lieferbarer Bücher, für das Ordern bei den Großhändlern Libri, KNO etc. sowie für die Präsentation bei Amazon und weiteren Online-Buchhändlern. Seit 1970 ist dieses einheitliche System etabliert. Es schlüsselt sich wie folgt auf:

ISBN 978–3-00–047.875-5

978: Als Präfix definiert diese Zahl die EAN und steht für die internationale Produktbezeichnung, also für das Buch und sein Land. Sie wird dem 10-stelligen Nummernstamm vorangesetzt.

3: Die Ländernummer gibt den Sprachraum des Buches an, dabei steht die 3 für die deutsche Sprache bzw. den deutschsprachigen Raum, hauptsächlich Deutschland, Österreich, Schweiz.

00: Das ist die Stammnummer des Verlags bzw. Selbstverlag des Unternehmens.

047875: Die individuelle Titelnummer steht speziell für dieses Buch in der jeweiligen Auflage und Ausgabe (Print, E-Book, Hörbuch u. a.).

5: Am Ende folgt die Prüfziffer.

> **Tipp** Rund 80 € kostet eine ISBN und ebenso viel der Eintrag in das Verzeichnis lieferbarer Bücher (VlB). Infos finden Sie unter www.mvb-onl ine.de bzw. www.adb-online.de.
>
> Platzieren Sie Ihre ISBN auf der Coverrückseite, gut sichtbar und in einer Schriftgröße von mindestens neun Punkt.

- **Die Termin- und Aufgabenkoordination**
  Die Matrix mit den Größen aus Kosten, Zeit und Verantwortung bildet die Grundlage und den Rahmen für das Projekt. Allerdings muss sie gepflegt und angepasst werden. Zudem kann das Protokollieren des Status quo im Intranet ein Appell an Disziplin und Termintreue sein sowie die Mitarbeiter emotional in den Prozess einbinden.

- **Die Verhandlung und Vereinbarung von Konditionen und Zahlungsmodalitäten**
  Bis ein Corporate Book im Regal steht, werden Verträge geschlossen und Positionen im Budget geplant. Wo bleibt ein Spielraum für Verhandlung? Welcher Zahlungsrhythmus ist sinnvoll und üblich? Wie verhält es sich mit Nutzungs- und Lizenzrechten? Als Projektmanager sollten Sie immer das uneingeschränkte Nutzungsrecht vereinbaren, wenn Sie Dienstleister beauftragen. Damit beugen Sie späteren Rechtfertigungen und Mahnungen vor, wenn Sie Bilder und Passagen für andere Unternehmenszwecke jenseits des Buches verwenden. Hingegen bleibt die *Urheberwahrheit* beim Schöpfer des Werkes. Das gilt auch für ein Unternehmensbuch, das im Ghostwriting entstanden ist, oder für Bilder eines Fotografen, die abgedruckt werden.

- **Die Wahl der Schriften**
  Bald schon wird sich die Frage aufdrängen: Welche Schrifttypen eignen sich
  für Fließtext und Überschriften? Eine eigene Corporate Font zu kreieren, ist
  teuer. Vielleicht lässt Ihre Hausschrift gegen eine geringe Modifikationsge-
  bühr leichte Änderungen zu? Manche Urheber sind durchaus gesprächsbereit.
  Ansonsten bietet der Markt eine Vielzahl von Schriften. Sie haben die Wahl
  zwischen lizenzfreien und -pflichtigen Schriften, können verschiedene Schrif-
  tenkoffer wählen und kombinieren. Die sollten die Varianten *bold, regular*
  und *kursiv* enthalten. Wählen Sie für den Fließtext eine Serifenschrift. Das
  erhöht die Lesbarkeit. Benutzen Sie hingegen für die Überschriften eine Gro-
  teskschrift, die mit klaren Linien besticht. Die hundert beliebtesten Schriften
  finden Sie für eine erste Inspiration unter www.100besteschriften.de.
- **Das Impressum im Corporate Book**
  Geben Sie den Hinweis, dass jeglicher Nachdruck, auch in Auszügen, nur
  mit Ihrer ausdrücklichen und schriftlichen Genehmigung erfolgen darf, dass
  kein Teil des Buches in irgendeiner Form reproduziert oder durch elektronische Systeme verarbeitet, vervielfältigt oder veröffentlicht werden darf.
  Ebenso erscheint der Hinweis, dass die bibliografischen Daten in der Deutschen Nationalbibliothek verzeichnet und im Internet abrufbar sind unter www.
  dnb.de.

Standardangaben für Ihr Impressum im Corporate Book

ISBN
1. Auflage
Copyright
Erscheinungsdatum, Verlag/Selbstverlag, Jahreszahl

Nachdruck, auch in Auszügen, darf nur mit ausdrücklicher und schriftlicher Genehmigung
(Name des Unternehmens) erfolgen. Kein Teil dieses Buches darf ohne schriftliche Einwilli-
gung des Herausgebers (Name des Unternehmens) in irgendeiner Form reproduziert werden
oder durch elektronische Systeme verarbeitet, vervielfältigt oder veröffentlicht werden. Alle
Rechte vorbehalten. Printed in Germany.

Namentlich: Herausgeber und Gesamtverantwortlicher
Namentlich: Geschäftsführer des Unternehmens
Unternehmenskontakt
Name des Texters/des Redakteurs
Name des Grafikers für Layout und Satz
Name und Anschrift der Druckerei
Angaben zur Papierqualität
Bildnachweise

- **Eine Frage der Anmutung**
Welches Format, Cover, Papier, welche Farbigkeit, Bindung und Druckform
eignen sich? Das alles ist eine Frage der Anmutung – und des Preises. Ein
Unternehmensbuch darf die Strenge eines Corporate Designs aufbrechen. Ein
Einreihen in die Werbelinie würde einem so anspruchsvollen, besonderen Werk
nicht gerecht, denn es soll mit der Patina der Vergangenheit und dem Glanz der
Zukunft beeindrucken. Lediglich das Logo bleibt unveränderbar, alles Weitere
ist künstlerische Freiheit. Jedoch erfordert ein Sonderformat ein höheres Porto
und Verpackungen jenseits des Standards und vielleicht zusätzliche Gebühren
für eine Lagerung.

Ob Ihr Buch erschwinglich bleibt, das können Sie frühzeitig in einem Gespräch
mit Ihrer Druckerei klären. Lassen Sie sich Muster zeigen, um die Wirkung
von Veredelungen durch UV-Lack oder Stanzungen einzuschätzen. Eyecat-
cher und Haptikelemente mögen verlockend wirken, aber letztendlich machen
Inhalt, Text- und Bildsprache die Qualität eines Buches aus. Fadenheftung und
ein Papier, deren FSC-Zertifizierung eine Produktion aus nachhaltig bewirt-
schafteten Wäldern beweist, unterstreichen Ihre Haltung als Unternehmer. Wie
hoch der Druckpreis letztendlich sein wird, hängt ebenso von der Schwere des
Papiers – meist 100–150 g pro Blatt – sowie vom Umfang des Buches und
der Druckform ab. Ab einer Auflage von 300 Exemplaren bietet sich die Wahl
des Offsetdrucks an. Die Seitenkalkulation können Sie beeinflussen, wenn Sie
während des gesamten Planungs- und Schreibprozesses daran denken, dass die
Druckerei zumeist in 16er Bogen rechnet. Der Umfang Ihres Buches sollte also
durch diese Zahl teilbar sein.

Vor der Druckfreigabe erhalten Sie einen Plot. Auf diesen Seiten erkennen Sie
den Satzlauf und den Seitenumbruch. Notfalls dürfen Sie kleinere Änderungen
an Überschriften und Bildunterschriften vornehmen. Wenn Sie eine Farbver-
bindlichkeit wünschen, dann wird mit sogenannten Proofs das Schlussergebnis
im Offsetdruck simuliert. Das ist aufwendig und kostet extra.

Versuchen Sie, beim Andruck des Buches vor Ort zu sein. Der Drucker wird
Ihnen die ersten 20 Seiten vorlegen, damit Sie die Qualität begutachten. Oftmals ergeben sich vor Ort Diskussionen. Ich habe erfahren, dass sich im
persönlichen Gespräch mit Experten Lösungen entwickeln, die Ihnen via Post-
weg verschlossen blieben. Weil ein Druckberater mit der Haptik und Optik
letztendlich nicht zufrieden war, bot er einem Unternehmen nahezu kostenfrei an, die Foto-Seiten in der Mitte des Corporate Books mit einem Lack zu
überziehen. Achten Sie auf jede Feinheit, auf Farben, Ränder, Schatten und
Schlieren. Erst wenn alles stimmt: Erteilen Sie die Druckfreigabe und damit
ist Ihr Buchprojekt erstellt. Nun geht es um den Vertrieb.

- **Vertragliche Vereinbarungen mit Amazon und Co**
Jeder Vertrieb über Handelspartner bedarf einer vertraglichen Vereinbarung.
Auch darum kümmert sich der Projektmanager im Team. Er entscheidet, welche Vertriebs- und Verkaufskanäle sich eignen, um das Corporate Book als Buch, Hörbuch, E-Book oder als App den Lesern anzubieten.

Kosten im Überblick:

- Konzept, Recherche und Writing, erstellt durch eine Agentur oder einen Ghostwriter: ca. 25.000 €
- Lektorat: ca. 1000 €
- Korrektorat: ca. 500 €
- Grafik, je nach Umfang der Bildrecherche und Bildbearbeitung: ca. 5000 bis 7000 €
- Offsetdruck eines rund 200 Seiten starken Buches, je nach Cover- und Papierqualität sowie einer Auflage von 1500 bis 2000 Exemplaren: ca. 7000 bis 11.000 €

Verkauft und doch verschenkt
Corporate Books sind keine Umsatztreiber. Ihr Wert ist von größerer Dimension. Sie tragen zu einem guten Arbeitsklima bei, weil sie die Identifikation der Mitarbeiter mit dem Unternehmen fördern. Sie spiegeln den Wandel, die Werte und die gesamte Kultur. Sie erhalten Geschichten lebendig. Ohne sie würde die Tradition nicht gepflegt und eine Entwicklung nicht deutlich werden. Diese Gründe machen ein Corporate Book zu einem außergewöhnlichen Geschenk. Dennoch stellen sich angesichts der hohen Produktionskosten viele Unternehmer die Frage, ob es durch den Verkauf den Break-even-Point erreichen können. Die Antwortet lautet: ja. Kleben Sie ein Preisetikett auf das Cover. Die Höhe bestimmen Sie – das ist einer der Vorteile des Publizierens im Eigenverlag. Je nach Qualität Ihres Buches und Ihrer Position in der Branche ermitteln Sie eine Größe zwischen 29 € und 79 €. Wenn Sie 1000 Bücher auf Veranstaltungen verkaufen, haben Sie Ihren Einsatz wieder eingespielt. Es ist möglich, Ihr Buch über Libri ausliefern und bei Amazon listen zu lassen. Bosch beispielsweise entschied sich 2012, ein Heimwerkerbuch eines ehemaligen Mitarbeiters zu sponsern und gelangte damit in die TOP 100 einer Amazon-Kategorie. [8]
In meinem Buch *Business-Texte* empfehle ich:

> Zwar soll sich Ihr Buch möglichst refinanzieren, aber es an ausgewählte Personen zu verschenken, kann eine kluge Geste sein. Geben Sie Ihr Buch wie das wertvollste Geschenk weiter, das Sie jemals überreicht haben. Vielleicht im Schuber, in einer Kartonage und immer wieder mit einer kleinen Geschichte zur Idee, die den Stolz auf diese Chronik von der Gründung bis zur Gegenwart erahnen lässt. (Borgmann 2013, S. 145) [9]

Literatur

1. http://www.jkrowling.com/de_DE/#/. Zugegriffen: 30.6.2021.
2. Gürke, Britta: Lektor Barry Cunningham: Harry Potters Entdecker (Interview). Westdeutsche Zeitung vom 27. Juni 2012. https://www.wz.de/kultur/buch/lektor-barry-cunningham-harry-potters-entdecker_aid-30306099. Zugegriffen: 30.6.2021.
3. Herbst, Dieter: *Storytelling*. 24. Aufl., 2008. UVK, Berlin
4. Haug, Gunter: *Robert Bosch – Der Mann der die Welt bewegte*. 2011. Masken-Verlag, Stuttgart
5. Veszelits, Thomas: *Die Neckermanns*. 2005. Campus, Frankfurt am Main
6. www.kuenstlersozialkasse.de . Zugegriffen: 30.6.2021.
7. Taleb, Nassim Nicholas: *Der Schwarze Schwan*. 2008. Hanser, München
8. Schweizer, Holger H: *Das große Handwerkerbuch*. 2012. Ulmer, Stuttgart.
9. Borgmann, Gabriele: *Business-Texte*. 2013. Linde, Wien

Die Balance zwischen Regeln und Kreativität

Ob Unternehmensbuch oder Sachbuch, ob Roman oder Gedichtband: Erst der Mut zur eigenen Botschaft macht den Schreiberling zum Schriftsteller. Nichts anderes hebt sein Werk heraus aus der Menge der Ratgeber, Fach- und Sachbücher, die sich manchmal ähneln, als seien sie am Fließband produziert. Das Nachbeten fremder oder bekannter Gedanken, das Leisetreten auf den Seiten, die Angst vor Kritik, all das lässt Inhalte blass und langweilig werden.

Das Charisma eines Autors schimmert erst dann durch die Zeilen, wenn die Aussagen durchdacht, authentisch und ehrlich sind, wenn sein Anspruch nicht lautet, am Ende des Buches jedermanns Liebling zu sein. Vergessen Sie während der langen Rohtextphase einmal die potenziellen guten Rezensionen und Likes auf Ihrer Facebook-Seite. Schreiben Sie sich stattdessen all das von der Seele, was Sie in diese Welt mit Ihrem Buch rufen wollen. In der Feinschliffphase dürfen Sie wieder glätten, aber bitte: Bügeln Sie Ihren Text nicht faltenfrei. Lassen Sie ein wenig Aggressivität übrig, seien Sie stolz auf die Klangfarben Ihrer Schreibstimme. Ihr Buch sollte informieren, erklären, unterstützen, vielleicht verwundern. Es soll den Leser auf neue Ideen bringen. Es soll unterhalten. Dann ist ein Buch ein Autorenerfolg.

Wenn ein Autor Einwände nicht ertragen und Widersprüche nicht aushalten kann, wird er niemals an den tiefen Kern seines eigenen Wissens gelangen. Er wird lediglich an der Themenoberfläche polieren und die ersten Gedanken, die über die Nervenbahnen flitzen, abfangen. Wie schade um das brachliegende Potenzial. So will ich appellieren: Schreiben Sie sehr bewusst für Ihre Leserzielgruppe, aber vergessen Sie nicht Ihr eigenes Wachstum. „Begegne dir selbst, dann begegnest du deinem Klienten", empfiehlt der Systemische Berater András Wienands und fährt fort:

© Springer Fachmedien Wiesbaden GmbH, ein Teil von Springer Nature 2021
G. Borgmann, *Vom Exposé zum Bucherfolg,*
https://doi.org/10.1007/978-3-658-35049-9_7

Das klingt wie eine Einladung zum grenzenlosen Egoismus. Wenn ich jedoch wirklich das tue, was meinem Körper, meinem Geist und meiner Seele gut tut, dann handle ich gemäß meiner Möglichkeiten und Grenzen, ich handle aus Liebe zu dir und mir. (2013, S. 280 f.) [1]

Wie aber bringen Sie Ihren Leser dazu, Ihr Buch zu lieben?

7.1   Zu laut gebrüllt und Leser vergrault

Kennen Sie das Gorilla-Experiment der Wissenschaftler Daniel Simons, University of Illinois, und Christopher Chabris, Harvard University? Übertitelt mit *Inattentional Blindness (Unaufmerksamkeitsblindheit)* demonstriert dieser Versuch, wie das menschliche Gehirn auf Wahrnehmungsreize reagiert. Die Professoren baten ihre Studenten, sich einen Film anzusehen. Er zeigt zwei Mannschaften in schwarzen und weißen T-Shirts. Die Aufgabe bestand darin, das Spiel sehr konzentriert zu verfolgen und die Ballpässe zu zählen. Die eine Hälfte beobachtet die schwarzgekleideten Spieler, die andere die weißgekleideten. Auf der Spielfläche entfachte sich ein Prellen, Laufen, Wechseln der Positionen. Die Probanden sahen hin, schrieben auf. Dann läuft ein Gorilla über das Spielfeld, trommelt sich kurz auf die Brust und verschwindet wieder. Mehr als 50 % der Probanden nahmen dieses kurze Spektakel auf dem Bildschirm nicht wahr. Ihr Fokus war einzig auf die Spieler und das Zählen der Pässe gerichtet. Bis heute gilt dieser Versuch als Begründung dafür, dass ein Multitasking nicht möglich ist. Das Gehirn schützt sich vor einer Überlastung durch Reize, blendet störende oder für die Aufgaben nicht relevante Faktoren aus.

Stoppschild im Kopf
Marketingstrategen missbrauchen diesen Versuch zuweilen, um ein ständiges Wiederholen derselben Botschaft zu rechtfertigen. Sie begründen eine solche Dauerschleife mit eben diesem Ansatz, der besagt: Ein stetiger Reiz beeinflusst die Wahrnehmung. So kreisen sie den Kunden ein von allen Seiten: durch Werbung in TV und Hörfunk, durch Anzeigen in Magazinen, durch Interviews, Beiträge, Flyer und Postings, durch persönliche Ansprache in Läden, auf der Bühne oder in Diskussionen. Die Omnipräsenz samt Botschaft soll sich im Gehirn eingraben, bis der Kunde die Konkurrenz nicht mehr bemerkt. Egal, wie diese über Bildschirme läuft, sich auf die Brust schlägt oder gar brüllt. Eine Reputation erreichen Sie mit diesem Getöse nicht. Stattdessen können extreme Methoden zu einer Abwehrhaltung führen. Das gilt auch für potenziellen Käufer eines Buches. Zu einem Stilbruch in der Buch-PR zählen:

- **konkrete Kaufbefehle in Newslettern oder Postings in den Social Media**
  Newsletter sind keine digitalen Werbeflyer und Webinare keine digitalen Butter-
  fahrten. Der Leser braucht keinen Kaufbefehl, sondern einen Kaufimpuls, sanft
  gesetzt und argumentativ unterlegt.
- **Personenkult um die Autorenpersönlichkeit**
  Bis Autoren einen Expertenstatus erreichen, werden sie kontinuierlich an der
  Positionierung arbeiten. Der Weg ist mitunter steinig und lässt sich nicht ab
  kürzen durch das Posten von Superlativen zur eigenen Person. Besser ist das
  Verbreiten von Leseproben, die überzeugen.
- **Rabatte für Kauf und Rezension, Lockangebote**
  Wer mit Rabatten und Geschenken auf Leserfang geht, wer beim Kauf eines
  Buches Seminare zum halben Preis verspricht oder Bücher im großen Rahmen
  für eine gute Rezension verschenkt, der riskiert einen Gesetzesverstoß. Es gibt
  in Deutschland die Buchpreisbindung, festgelegt im BuchPrG. In § 1 wird der
  Zweck begründet:

Das Gesetz dient dem Schutz des Kulturgutes Buch. Die Festsetzung verbindlicher
Preise beim Verkauf an Letztabnehmer sichert den Erhalt eines breiten Buchangebots.
Das Gesetz gewährleistet zugleich, dass dieses Angebot für eine breite Öffentlichkeit
zugänglich ist, indem es die Existenz einer großen Zahl von Verkaufsstellen fördert.
[2]

Lenken Sie mit lauten Werbeinstrumenten nicht vom Wesentlichen ab, damit Ihr
Buch nicht zum Gorilla auf dem Bildschirm wird, den niemand mehr wahrnimmt.
Setzen Sie die Reize richtig, dann wird am Ende ein Sogmarketing entstehen, dann
kommen Medien und Leser auf Sie zu, weil Sie als Experte gelten, weil Ihre Meinung
geschätzt wird, weil Ihr Buch und die begleitende Werbung zum Hinsehen und
Hinhören einladen, statt die Trommelfelle des Publikums zu strapazieren.

7.2   Den Erfolg evaluieren

PR-Arbeit muss messbar sein. Alles andere wäre eine Verschwendung von
Ressourcen und mit dieser Einstellung rückt das Bilden von Zielen in den Vordergrund. Wenn Sie zum Beispiel eine Positionierung durch Interviews und
Gastkommentare in Printmedien anstreben, dann lässt sich eindeutig bestimmen,
ob Ihnen das gelingt. Wenn Sie die Teilnehmerzahl Ihrer Seminare erhöhen wollen, so ist es nur eine Rechenaufgabe, um am Ende des Monats festzustellen, ob

Ihre Akquise-Maßnahmen ausreichen. Erfolg ist berechenbar, selten zufällig. Deshalb ist es auch für einen Künstler des Wortes sinnvoll, sich eine halbe Stunde in der Woche mit den Zahlen in der Exceltabelle auseinanderzusetzen. Diese kurze Sequenz reicht, wenn Sie ausschließlich die bedeutenden Ziele formulieren, die Ihren Expertenstatus unterstreichen, Ihre Positionierung sichern und Ihren Buchverkauf ankurbeln. Fredmund Malik, Bestsellerautor und Managementexperte, empfiehlt diesen Ansatz:

> Die Maxime lautet: Wenige Ziele, dafür aber große – solche, die ins Gewicht fallen, die etwas bedeuten, wenn sie erreicht werden. (2013, S. 181) [3]

Übertragen auf Ihre Buch-PR wirkt diese Weisheit ebenso.

Ihr Ziel bei der Pressearbeit
Die Zeitungen und Fachmagazine berichten über die Bucherscheinung. Richten Sie einen Suchauftrag bei Google News ein. Damit erhalten Sie kostenlos eine E-Mail über Berichte und Meldungen, zusammengestellt nach Ihren Kriterien aus rund 700 Medien.

Bitten Sie den Verlag um eine Pressemappe zum Buch. Häufig suchen beauftragte Dienstleister im Bereich der Medienresonanzanalyse nach Schlagworten und weisen die Berichte mit Quelle und Datum aus. So entsteht ein Überblick über Quantität und Qualität der Berichterstattung für Ihre persönliche Autorenpressemappe.

▶   **Tipp** Wenn Medien über Ihr Buch berichten, dann fragen Sie, ob Sie ein Zitat für Ihre Website oder für die Pressestimmen auf Amazon verwenden dürfen. Bauen Sie den Kontakt zu den Redaktionen aus, indem Sie Journalisten in Abständen weitere aktuelle, relevante, authentische Texte anbieten.

Ihr Ziel bei der Online-Kommunikation
Journalisten, Unternehmen und Leser kennen Ihre Online-Beiträge und kaufen zeitnah Ihr Buch.
Um eine Resonanz festzustellen, um Likes oder Shares zu erkennen, bleibt Ihnen nur die manuelle Suche nach Stichworten. Welches Portal hat Ihre Online-Pressemitteilung übernommen? Wurde Ihr Text kommentiert? Gibt es Empfehlungen? Um auf einen vorderen Platz im Suchmaschinenranking zu klettern, benötigen Sie zweierlei: dauerhaft gute Contentbeiträge und Links von Websites mit ähnlichen Themen, beides bedienen Online-Beiträge im Netz.

▶   **Tipp** Mit den Suchfunktionen https://twitter.com/explore und unter www.facebook.com stellen Sie fest, wer zu Ihrem Buch bzw. zu Ihren Stichworten Kommentare postet.

Ihr Ziel bei Vorträgen und Seminaren
Die Positionierung unterscheidet sich von den Mitbewerbern und das Honorar steigt um mindestens 20 %.
Im Rahmen einer strategischen Positionierung sollten sich mit der Buchveröffentlichung Ihre Vortrags- und Seminarthemen nach den Buchinhalten ausrichten. Ein Buch kann ein Auftakt zu einem neuen Seminarthema sein. Es kann Ihren Vorträgen eine glaubwürdige Tiefe geben. Wenn es Ihnen gelingt, die Kernthese in eine lebendige, argumentativ stimmige und motivierende Rede zu fassen, dann werden Sie als glaubwürdiger Autor wahrgenommen und nutzen zudem Ihre Veranstaltungen für den Buchverkauf.

▶   **Tipp** Eine Evaluierung kann einen Monat oder ein Jahr umfassen. Das bestimmen Sie. Im Buchbereich halte ich eine Zeitspanne von einem halben Jahr für angemessen. Denn solange gilt es als Neuerscheinung. Tragen Sie in Ihre Matrix die Themen und Medien sowie die Tendenz der Berichterstattung ein. Erhöht sich nach einer Aktivität die Klickrate auf Ihre Website? Werden Berichterstattungen kommentiert und geteilt? Erkennen Sie einen Anstieg des Buchverkaufs zum Zeitpunkt einer Aktivität? Gibt es Folgeaufträge nach Ihren Seminaren? Gleichen Sie die Ergebnisse mit Ihren Zielen ab. Auf diese Weise erkennen Sie, wo sich der Einsatz von Geduld und Geld lohnt.

7.3   Marketing bei Neuauflagen

Wovon träumen Sie, wenn Sie an Ihr Buch denken? Von hohen Verkaufszahlen. Ihr Verlag hat den gleichen Traum. Denn rund 30 % der Erlöse fließen in die Herstellungskosten aus Lektorat, Grafik, Papier, Druck und Bindung. So stellt sich im gesamten Prozess frühzeitig die Frage nach der Auflagenhöhe. Das interessiert auch den Autor, nur erfährt er diese Größe selten und deshalb ranken sich wilde Behauptungen um 10.000 bis 40.000 Exemplare zum Start. Das mögen erfolgreiche Non-Fiction-Autoren erreichen, aber üblich ist es nicht. Eine Erstauflage für ein Fachbuch, Sachbuch oder einen Ratgeber pendelt zwischen ca. 1.000 und

3.000 Exemplaren, bei sehr speziellen Zielgruppen, wie zum Beispiel international tätige deutsche Wirtschaftsprüfer, bemisst sich die Zahl deutlich geringer. Mit jeder Neuerscheinung setzt der Verlag alles daran, den Return on Investment zu erlangen, denn bis dahin trägt er das unternehmerische Risiko. Das mag einer der Gründe sein, warum viele Fachtitel nicht mehr in festen Offset-Auflagen, sondern digital vorgehalten und nach Bedarf gedruckt werden. Nach wie vor aber dürfen Autoren auf Marketingmittel hoffen. Viele Verlage gehen großzügig mit der Frage nach Visitenkarten, Postkarten, Flyer, Leporellos oder Anzeigen in Eigenmedien um. Für die Teilnahme an aufwendigen Einzelveranstaltungen zeigen sie wenig Begeisterung, weil in Lektorat, Marketing und PR chronische Zeitnot und knappe Budgets an der Tagesordnung sind. Grob gesagt: Der Verlag will die investierten Personal-, Material-, Infrastruktur- und Vertriebskosten wieder einspielen, statt zusätzliche Kosten zu verursachen.

Aber die Zurückhaltung nimmt ab, wenn Ihr Buch sich gut entwickelt und vielleicht nach einem Jahr die Entscheidung lautet, eine zweite Auflage zu wagen. Das ist für Sie ein Erfolgserlebnis. Denn Ihr Buch wurde weder verramscht noch eingestampft – was beim oben skizzierten Digitaldruckverfahren mit kleinen Auflagenzahlen ohnehin entfällt, da es praktisch keine Lagerbestände gibt. Bei Nachauflagen springt die Marketingmaschinerie des Verlages wieder an wie bei einer Neuerscheinung, das Buch wird also erneut in die Aufmerksamkeit des Buchhandels und der Öffentlichkeit gestellt.

Neben einem guten Absatz und dem Ausverkauf des Offset-Bestandes können weitere Gründe für eine Neuauflage sprechen:

- Die Forschung hat Ihren Buchinhalt überholt. Dann gilt es, den Inhalt durch Korrekturen, Ergänzungen und/oder neue Zahlen und Ergebnisse wieder auf den aktuellen Stand zu bringen.
- Programmstrategische Aspekte des Verlags können eine Neuauflage erforderlich machen.
- Imagestrategische Maßnahmen des Autors oder ein nur noch geringer Offset-Bestand erfordern eventuell eine Neuauflage.

Eines sei verraten: Diese Arbeit kommt nie gelegen, stört immer ein anderes Projekt. Doch planen Sie lieber Nachtarbeiten ein, als dass Sie leichtfertig die Chance einer Neuauflage ablehnen.

Nehmen Sie sich noch einmal Ihren Vertrag vor. Aller Wahrscheinlichkeit nach weist er einen Paragrafen auf, dass Verlag und Autor sich verpflichten, bei einer Neuauflage tätig zu werden: Der Verlag räumt Ihnen die Möglichkeit der Mitarbeit ein, Sie sagen zu, nach bestem Wissen in einem vorgegebenen Zeitrahmen zu arbeiten. Kommen Sie dieser Verpflichtung nicht nach, gibt es folgende Alternativen: Entweder der Verlag entscheidet sich für eine unbearbeitete Neuauflage oder für einen anderen Autor als Bearbeiter Ihres Werkes. Letzteres hätte je nach Konditionen ein Schmälern Ihres Honorars zur Folge und – viel bedeutsamer – Sie würden für weitere Auflagen als Autor, Bearbeiter, Vertragspartner ausscheiden. Schlimmstenfalls werden Ihnen die Mehrkosten für die Fremdbearbeitung in Rechnung gestellt.

Auf der anderen Seite könnten Sie eine Neuauflage wünschen – und der Verlag dies ablehnen. Dann dürfen Sie sich in der Regel spätestens nach dem Abverkauf der letzten Exemplare einen neuen Verlag suchen.

▶ **Tipp** Lassen Sie sich die Rechte an Ihrem Werk unbedingt schriftlich zurückgeben, dies macht den Kontakt zu anderen Verlagen deutlich leichter.

Literatur

1. Wienands, András: *Choreographien der Seele*. 2013. Kösel, München.
2. https://www.gesetze-im-internet.de/buchprg/__1.html. Zugegriffen: 30.6.21.
3. Malik, Fredmund: *Führen. Leisten. Leben.* Sonderausgabe 2013. Campus, Frankfurt am Main.

Lesung für Sachbuch-Autoren

8

Das Buch ist geschrieben, veröffentlicht – und nun? Neben der klassischen PR wie Pressemitteilung, Interviews, Social-Media-Aktionen etc. gibt es ein weiteres für Sachbuchautoren ungewöhnliches Instrument. Es ist ein Instrument der Inszenierung. Es erzeugt Nähe zum Leser. Es blieb bisher den Schriftstellern der Belletristik vorbehalten. Das ändert sich – zum Glück. Das Instrument, das ich meine, blüht auf durch die Präsenz des Autors: die Lesung.

Um möglichst viele Menschen über diesen besonderen Termin zu informieren, benötigen Sie einen großen Mail-Verteiler, ein dichtes Social-Media-Netzwerk und auch Kontakte zur lokalen Presse. Hier bieten Buch-PR-Agenturen ihre Dienste an. Je nach Intensität und Dauer liegt der Preis zwischen 1500 und mehreren Tausend Euro. Bei erfolgreichen Autoren verantwortet das der Verlag – oder kümmert sich mit seinen internen Strukturen um den Bucherfolg.

Als Erstautor werden Sie vermutlich kaum in den Genuss einer organisierten Lesereise kommen. Sollte Ihr Buch die Charts nicht stürmen, wird der Verlag hier abwinken mit dem Hinweis: zu teuer, nicht lohnend. Nur die sogenannten A-Titel, jene Bücher, die auf den ersten drei Seiten des Verlags-Novitäten-Katalogs beworben werden, erhalten ein solches Bonbon. Diesen prominenten Platz können Sie vielleicht mit Ihrem zweiten oder dritten Buch einnehmen, bis dahin lautet die Antwort im Verlag: „Wenn Sie zu einer Lesung eingeladenen werden, unterstützen wir Sie gerne in unseren Social-Media-Kanälen. Auch ein Flyer wäre möglich. Mehr geht nicht." Immerhin. Nicken Sie und bedanken Sie sich, und legen Sie los, um Ihre Lesungen in Eigenregie anzubieten. Machen Sie Ihre Lesung zu einem Herzensprojekt. Hier geht es nicht um Verkaufszahlen, sondern um den persönlichen Kontakt zu Ihren Lesern. Und wenn nur einer Ihnen am Ende der Lesung sagen wird, ihm habe Ihr Buch gefallen, es habe ihm Einsicht und Zuversicht geschenkt, dann wird diese Aussage wie Balsam für Ihre Seele sein. Deshalb

© Springer Fachmedien Wiesbaden GmbH, ein Teil von Springer Nature 2021
G. Borgmann, *Vom Exposé zum Bucherfolg,*
https://doi.org/10.1007/978-3-658-35049-9_8

finde ich: Eine Lesung lohnt sich immer, egal, ob zwei oder zweihundert Zuhörer vor Ihnen sitzen.

8.1   Veranstalter auswählen und kontaktieren

Gehen Sie nicht davon aus, dass ein Veranstalter Sie zu einer Lesung einlädt. Vermutlich werden Sie sich selbst um Ort und Termin bemühen. Klappern gehört zum Handwerk und je mehr Sie das tun, desto eher werden Sie bekannt. Als ich meinen Roman „Venus-AD" veröffentlichte, da kannte mich niemand als Schriftstellerin. In Kultur- und Wirtschaftskreisen war ich als Ghostwriterin gut gebucht, aber in der Belletristik hatte ich weder Kontur noch Namen. Dennoch freute ich mich, als ein kleiner Kunst- und Literatur-Verlag mein Buch um Albrecht Dürer veröffentlichen wollte. Doch bereits mit Vertragsunterzeichnung wurde klar, dass es keine Kapazitäten im Verlag geben würde, um Werbekampagnen zu starten, um Lesereisen zu initiieren. *Kein Problem, dachte ich, das stemme ich selbst.* Rückblickend kann ich sagen: Buch-PR im Fiction-Bereich ist eine Herausforderung. Der Markt ist eng und schnell getaktet. Was heute interessiert, ist morgen schon vergessen. Etwas gemächlicher geht es auf dem Sachbuch-Markt zu, hier ticken die Uhren langsamer, die Konkurrenz findet nicht in dieser Dimension statt. Und so möchte ich Sie ermuntern: Bleiben Sie dran, zeigen Sie sich, reden Sie über Ihr Thema. Suchen Sie den Kontakt zu Ihren Lesern.

Eine Lesung ist für Veranstalter nur interessant, wenn Ihr Buch druckfrisch in den Regalen der Händler steht. Bereits zwei, drei Monate nach Erscheinen winkt man ab. Daher mein Tipp: Nehmen Sie vor dem Erscheinungstermin Kontakt zu Veranstaltern auf. Sobald eine digitale Druckfassung vorliegt, können Sie diese auf Verlangen mit einem Sperr- und Vertraulichkeitsvermerk und mit Kopierschutz versenden.

Disclaimer im digitalen Vorabversand
Damit der Inhalt Ihres Buches vorab vom Veranstalter oder den Medien geprüft werden kann, jedoch keine Rechte verletzt werden, sollten Sie einen Disclaimer formulieren. Der könnte zum Beispiel wie folgt lauten:

Mit dem Erhalt dieser Datei (Titel einsetzen) erklären Sie sich mit Folgendem einverstanden:

- Diese elektronische Kopie ist ausschließlich für Sie bestimmt, und zwar persönlich und vertraulich.
- Die Nutzung dieser Datei ist ausschließlich zu Ihrer Information im Rahmen der vertraulichen Vor-Informationen und Vereinbarung erlaubt.

- Die Weitergabe an Dritte, weitere Nutzungen der Datei über die Vereinbarung hinaus sowie die dauerhafte Speicherung sind nicht zulässig! Sollten ohne Absicht Daten in illegale Kanäle gelangen, so löschen Sie diese Datei wirksam. Verletzungen des Urheberrechts werden strafrechtlich verfolgt.
- Alle Rechte vorbehalten. Abdruck, auch auszugsweise, darf nur mit Genehmigung des Verlags erfolgen.
- Das genaue Copyright entnehmen Sie bitte dem Impressum des Buches.
- Sperrvermerk: Medienvertreter verpflichten sich, das Buch (Titel einsetzen) nicht vor dem Erscheinungstermin zu besprechen. Der Verlag gibt das Erscheinungsdatum bekannt.
- Beachten Sie, dass diese Vorab-Fassung des Buches gegebenenfalls von der druckfertigen Fassung abweichen kann und abzugleichen ist.

Zur Wahl des Ortes: Beginnen Sie in der Bücherei Ihrer Stadt. Stellen Sie sich in Ihrer Lieblingsbücherei vor. Suchen Sie nach einem Ort, der thematisch zum Inhalt Ihres Buches passt. Informieren Sie sich über Veranstaltungsreihen zum Beispiel der politischen Stiftungen, der Volkshochschule, der Unternehmen, Museen, Galerien. Erfragen Sie das Interesse in Literaturkreisen, im Gemeinde- und Pfarrhaus, in Restaurants in Ihrer Nähe. Bleiben Sie fantasievoll, wenn es um die Wahl des Ortes geht, einige Veranstalter sind für Ideen durchaus aufgeschlossen – und prüfen Ihre Autorenmappe samt Profil und Leseprobe gerne.

Mit der digitalen Autorenmappe punkten

Mit einer Autorenmappe geben Sie Einblick in Ihren Stil und in Ihre Art, Autor zu sein. Achten Sie auf die Aussage, die Sie damit senden: Sie sind ein Experte Ihres Metiers und legen Wert auf ihre Botschaft und die richtige Ausstrahlung. Folgende Unterlagen beinhaltet Ihre Mappe:

- Motivationsschreiben: Warum wählen Sie diesen Ort und warum passt das Thema in diesen Leserkreis? Erzählen Sie, warum Ihr Buch für die Leser wichtig ist. Zeigen Sie Ihr Alleinstellungsmerkmal.
- Pressemitteilung: Zum Erscheinungstermin wird Ihr Verlag eine Pressemitteilung versenden. Legen Sie diese in Ihre Autorenmappe, eventuell mit Sperrvermerk versehen.
- Leseprobe: Fügen Sie einen Auszug aus dem Kapitel-Sahnestück hinzu und ebenso den Klappentext
- Autorenprofil: Stellen Sie sich mit Wort und Bild vor: Was sind die Meilensteine Ihrer Karriere, was Ihre Auszeichnung und Exzellenz?
- Pressestimmen: Wenn die PR-Arbeit durchdacht war, liegen bereits Pressestimmen und Testimonials vor. Fragen Sie die Urheber, ob Sie diese Stimmen verwenden dürfen. Sie sind Werbung und Wertschätzung für Ihr Werk.

Honorar gefällig?

Eine Lesung vorzubereiten setzt Zeit und Energie voraus. Würden Sie dafür ein angemessenes Honorar erhalten, wäre das nur gerecht. Aber gerecht geht es nicht immer in der Welt der Autoren zu. Da gilt die Regel: Wer bekannt ist, verdient. Wer unbekannt ist, der bittet. Nehmen Sie die Situation an, wie sie ist, und denken Sie sich: Beim nächsten Buch wird alles besser. Wenn Sie nämlich hier den Blick auf Ihre Chance richten statt aufs Geld, setzen Sie vielleicht einen ersten kleinen Meilenstein in Ihrer Karriere: Es kann Ihnen gelingen, Leser für Ihren Stoff zu begeistern. Sie erhalten von Ihren Zuhörern ein unmittelbares Lächeln, einen Dank. Sie hören Fragen, erleben Interesse und Applaus. Daraus soll sich für Künstler ja die Essenz ihres Schaffens bilden ...

> ► Es geht bei einer Lesung als Erstautor primär darum, bekannter zu werden!

Es geht bei einer Lesung als Erstautor primär darum, bekannter zu werden, sich vor- und darzustellen und einen Impuls für den Buchverkauf zu nutzen. Selten ist dieser Impuls höher als nach einer Lesung. Hier kommt wieder Ihr Verlag ins Spiel: Er bestückt den Büchertisch – und Sie erhalten von den verkauften Exemplaren die Autorenprozente, die der Verlagsvertrag ausweist.

Ich kenne Autoren, die bereiten sich wenig auf eine Lesung vor: keine Zeit, kaum Honorar, der Aufwand stehe in keinem Verhältnis zum Gewinn. Wer derart denkt, wird seine Zuhörer nicht begeistern. Denn der Zuhörer merkt zwischen den Worten, was der Autor fühlt, welche Botschaft er jenseits der Seiten sendet und ob er mit allen Sinnen seinen Text präsentiert.

8.2   Lesen mit Gefühl

Stellen Sie sich vor, Ihre Lesung ist angekündigt in den Medien, beworben im lokalen Radio. Die Flyer sind verteilt, die Stadtbücherei hat sogar ein Plakat an den Eingang gestellt: Darauf Ihr Name als Autor und der Titel Ihres Buches. Sie dürfen Stolz empfinden – und Freude auf das, was kommt. Stellen Sie sich bitte weiter vor, Sie betreten den Raum, gehen durch den Mittelgang der Stuhlreihen. Und Sie sehen: Die Stuhlreihen sind leer. Trotz Ankündigung in den Medien, trotz Flyer und Plakat am Eingang haben nur wenige Menschen den Weg in den Veranstaltungsraum gefunden. Sie zählen – und sind enttäuscht. Fünf Zuhörer in der zweiten Reihe und eine Mitarbeiterin der Bibliothek hinter einem Tisch, auf dem sich mindestens fünfzig Ihrer Bücher stapeln. Sie sind enttäuscht. Mehr noch, Sie spüren ein Fluchtgefühl. Ihr Autoren-Ego ruft: ‚Was soll der Aufwand vor fünf Zuhörern. Das lohnt sich nicht, du hast mehr verdient.‘ Aber Ihr Autorenherz flüstert Ihnen hoffentlich zu: ‚Machen wir das Beste draus. Wie wunderbar, dass fünf Menschen sich Zeit für meine Lektüre nehmen.'

Der Subtext macht den Ton
Wenn ein Schauspieler im Casting die vorgeschriebenen Sätze spricht, dann steht und fällt seine Wirkung mit dem Subtext. Das ist der Grund, warum ein Satz, von mehreren Sprechern dargeboten, völlig anders klingen kann.

Ein Schauspieler, der denkt: „Verdammter Text, ohne Sinn formuliert" wird diesem Text eine aggressive Note mitsenden.

Ein Schauspieler, der denkt: „Rocken wir die Runde, nie hatte ich mehr Lust zu sprechen", färbt den Text hell und zuversichtlich und sein Gegenüber wird das spüren. Denn dessen Spiegelneuronen nehmen diese Botschaft auf und senden ebenso freundliche Gefühle zurück. So entsteht ein Wechselspiel der Gefühle, dass auch Sie als Autor beeinflussen können.

Bevor Sie den Raum betreten, formulieren Sie wie ein Schauspieler Ihren Subtext. Er besteht aus ein, zwei Sätzen, nicht mehr. Senden Sie den unausgesprochenen Satz in die Zuschauerreihen, bevor Sie im Raum Platz nehmen. Und dann atmen Sie in diesen Satz hinein. Er wird Ihre gesamte Lesung tragen.

Subtexte, die Autoren mir nannten, sind zum Beispiel:

- „Let's dance with my word!"
- "Rocken wir gemeinsam die Lesung!"
- „Ich bin dankbar und demütig, hier zu sein."
- „Nie ging es mir besser. Feiern wir mein Buch."
- „Enjoy it, it's our time together."

Ablauf und Struktur der Lesung

Das menschliche Gehirn kann sich kaum länger als zwanzig Minuten konzentrieren. Ging man früher von fünfundvierzig Minuten der Fokus-Fähigkeit aus, so hat sich mit der digitalen Beschleunigung diese Zeitspanne verkürzt. Dafür sorgen die schnellen Schnitte in Netflix-Serien, die kurzen Kapitel in modernen Romanen und letztendlich die verkürzte Kommunikation in den sozialen Medien. Das beeinflusst auch den Spannungsbogen Ihrer Lesung, die heutzutage eher einem Vortrag ähnelt als dem klassischen Setting aus Schreibtischlampe, Wasserglas und Autor mit Buch. Selbst wenn die Accessoires noch immer der Inszenierung dienen, so ist der zeitliche Ablauf der rund eineinhalbstündigen Lesung wie folgt:

- 10 min Begrüßung, Vorstellung von Autor und Thema
- 10 min Erzählbogen zur Buchidee und Buchintention
- 10 min Lesen aus einem Kapitel
- 10 min Erzählen des weiterführenden Stoffes

- 10 min Lesen fortsetzen
- 10 min Ausblick
- Frage-und-Antwortrunde sowie Verabschieden und Buchverkauf.

Stimme und Sprechrhythmus

Der wichtigste Part im Programm ist Ihr Lesen. Nun dürfen wir davon ausgehen, dass Sie keine Sprechausbildung genießen. Umso wichtiger ist es, vor dem Termin zu üben. Denn auch die Stimme erstarkt mit dem Training, sie wird an Ausdruckskraft gewinnen. Für dieses Training setzen Sie sich mit geradem Rücken auf einen Stuhl. Atmen Sie in den Bauch. Stellen Sie sich vor, Ihre Stimme rutscht hinunter. Dort in der Mitte des Körpers, in Ihrem Core, kann die Stimme an Tiefe und Kraft gewinnen. Kaum etwas ist für einen Zuhörer unangenehmer, als wenn die Stimme aus dem Kopf kommt, wenn sie zu hoch, zu dünn, zu gepresst wirkt. Zudem werden Sie die Anzeichen von Lampenfieber – Flattern in der Stimme – umgehen, wenn Sie Ihrer Stimme einen Raum im Bauch geben, wenn sie so den Weg durch das Zwerchfell nehmen darf.

Aber auch die schönste Stimme ermüdet den Zuhörer, wenn der Rhythmus im Text fehlt. Rhythmus erzeugen Sie durch Tempo und Pausen, durch Anheben und Absenken der Stimme. Bilden Sie bitte keine Maulwurfelhügel! Das würde ein Sprechtrainer Ihnen zurufen und damit meint er: Heben Sie nicht in Monotonie die Stimme am Satzanfang und senken Sie sie am Satzende nicht ab. Denn wenn Sie zehn Minuten lang in diesem Rhythmus lesen, ist die Wahrscheinlichkeit nicht gerade gering, dass einige Zuhörer einnicken. Profis halten häufig am Satzende die Spannung, lesen über Satzzeichen wie Punkt und Komma hinweg, lesen, solange der Atem reicht, bevor sie eine Pause setzen. Dann ein Stakkato aus kurzen Sätzen. Dann wieder Anlauf nehmen zu langen Strecken. Dieses Spiel mit dem Rhythmus hält die Aufmerksamkeit der Zuhörer am Text.

▶   **Tipp** Notieren Sie sich Zeichen für Pausen und Sprechintervalle am
       Rande der Textstellen im Buch.

Und bitte nehmen Sie sich Zeit für die Artikulation! Sie haben viel Energie in das Schreiben des Buches gegeben. Ihr Text ist wertvoll. Dies sollte auch mündlich zum Vorschein kommen.

Ein lesenswertes Buch über das Sprechen hat der TV-Sprecher Elmar Bartel verfasst. Nach seiner Anleitung habe ich meine Lesungen vorbereitet: „Einfach besser sprechen." [1]

Nehmen Sie den Beifall zum Schluss als Honorar. Und seien Sie sicher: Eine Lesung, die gelingt, ist die beste Werbung für Ihr Buch.

Literatur

1. Bartel, Elmar: „Einfach besser sprechen. So gelingt ein starker Auftritt." 2017. Schott, Mainz.

Schreiben heißt Wachsen 9

Angekommen. Am Ende. Der Seiten. Mit einem Gefühl aus Wehmut und Freude setzt ein Autor den Schlusspunkt. Wehmut, weil es Zeit ist loszulassen. Freude, weil sich wieder ein Raum für andere Projekte öffnet.

Dieser Schlusspunkt ist weitaus mehr als ein Satzzeichen. Er wirft noch einmal die Gedanken zurück an den Anfang, als die Fläche auf dem Bildschirm weiß und weit schien, als sich der kleine innere Kritiker regte und beständig ins Ohr flüsterte: Was passiert, wenn der Stoff nicht reicht für 400.000 Zeichen oder wenn der Spannungsbogen auf halber Strecke einsackt? Diesen kleinen Stimmungstiefen begegnet ein erfahrener Autor im besten Sinne der Homöopathie: Er bekämpft seine Angst vor zu wenig Worten mit: Worten. Er schreibt in dichter Konsistenz, was er zu seinem Thema bieten kann. Er will Erfolg. Damit aus diesem Wunsch eine Wirklichkeit wird, muss er bereit sein, seine Wissenswelt zu erweitern, sich zu lösen von Gewohnheiten und Standards. Es ist gut, einmal die eigene Position zu hinterfragen. Denn alles andere wäre auf Dauer Stillstand. Ein Buch animiert zu Bewegung, zu Schritten seitwärts und vorwärts, zu unbequemen Einsichten. Wer ein Buch schreibt, der wird am Ende ein anderer sein als zuvor, denn über die Seiten bündeln sich die Gedanken zu einer klaren, griffigen Formation. Schreiben heißt wachsen. Persönlich. Beruflich.

Auch ich bin angekommen. Der Schlusspunkt folgt jetzt. Blicke ich zurück, so fällt mir eines ein, das ich als Ghostwriterin für Sachbücher immer wieder erlebe und auch mit diesem eigenen Buch erfahren habe: Autoren, deren Buch auf Leidenschaft baut, lassen sich von der Zahl der jährlichen Neuerscheinungen nicht abschrecken. Sie glauben an sich, haben den Mut mitzumischen, sich

© Springer Fachmedien Wiesbaden GmbH, ein Teil von Springer Nature 2021   123
G. Borgmann, *Vom Exposé zum Bucherfolg*,
https://doi.org/10.1007/978-3-658-35049-9_9

zu zeigen, aufzufallen. Sie schreiben mit Eigensinn und überraschenden Argumenten. Nicht das Plätschern im Mainstream ist ihnen ein Anliegen, sondern
etwas Eigenes zu schaffen. Ich glaube, diese Beweggründe sind die ehrlichen,
die nachhaltigen Erfolgstreiber.

Ihre
Gabriele Borgmann

Adressen und Websites für Autoren

Börsenverein des Deutschen Buchhandels e. V.
Braubachstraße 16
60311 Frankfurt am Main
www.boersenverein.de

**Adressbuch für den deutschsprachigen Buchhandel sowie Verzeichnis
Lieferbarer Bücher (VLB)**
über: MVB Marketing- und Verlagsservice des Buchhandels GmbH
Braubachstraße 16
60311 Frankfurt am Main
www.mvb-online.de und www.adb-online.de

Künstlersozialkasse
Gökerstraße 14
26384 Wilhelmshaven
www.kuenstlersozialkasse.de

Verwertungsgesellschaft Wort
Untere Weidenstraße 5
81543 München
www.vgwort.de

www.buchmarkt.de
www.buchreport.de
www.boersenblatt.net
Informationen rund um die Buchbranche

www.sbvv.ch
www.buecher.at
Informationen zur Buchbranche in Österreich und der Schweiz

www.buchmesse.de
www.leipziger-buchmesse.de
Informationen rund um die Leitmessen, Buchprofile, Veranstaltungshinweise, Akkreditierungsmöglichkeiten und Programme

www.52buecher.de (Nachfolgeseite von literature.de)
www.autorenforum.de
Informationen, Links, Fragen und Antworten für Autoren

www.buecher-wiki.de
Nachschlagewerk des Online-Versenders Jokers zu Büchern, Autoren, Handel.

www.autorenforum.montsegur.de
Autorenaustausch zu Verlagen, Verträgen, Schreibhandwerk

Printed by Printforce, the Netherlands